Hannover

Die Stadt an der Leine

Ein illustriertes Reisehandbuch

Von Henning Sietz

EDITION TEMMEN

Stadt, Land und Leute

Stadtbummel

Ausflüge

Reiseinformation

Warum Hannover?

Der Autor hat zahlreiche Leute befragt, warum sie aus reiner Lust, sozusagen aus freien Stücken, nach Hannover reisen. Dabei kamen überraschende und erstaunliche Antworten zutage, die Verlag und Autor den Leserinnen und Lesern nicht vorenthalten wollen.

Da will jemand Anna Blume die Hand schütteln.
(Ohne Garantie!)

»Weil ich nach der CEBIT mal durch die Altstadt bummeln will. Hab' ich sonst immer verpasst.«

Ein Paar aus Bamberg will endlich die Große Fontäne in Herrenhausen besichtigen: »82 Meter ist die nämlich hoch!«

Ein Rentner druckst herum: »Na ja, ich wollt' mir schon immer mal ansehen, wo der Fritz Haarmann gelebt hat. Sie wissen ja, der Massenmörder.«

»Weil 'ne Lüttje Lage in Hannover am besten schmeckt.« (Können auch zwei sein.)

Eine ältere Dame: »Ich sage nur ›Granatapfelbaum‹!«

Ein Expo-Freund will schnurstracks ins Exposeeum.

Einer, der gern der Vergangenheit anhängt: »Ich will mir ansehen, was von der Expo geblieben ist.«

»Wegen DADA«, sagt jemand, der sich als Schwitters-Kenner zeigt, und zwei kunstbeflissene Damen meinen verschmitzt: »Wegen all der Kunst an, auf und über den Straßen.«

»Komische Frage. Auf dem Leine-Radfernweg kommt man doch sowieso durch Hannover!«

Da will jemand auf dem Maschsee segeln und ein anderer um den Maschsee inlineskaten.

Julia: Ich möchte in den Zoo

»Als Architektur-Liebhaber muss man das Anzeigerhochhaus von Fritz Höger einfach gesehen haben.«

»Wir wollen auf den Spuren der Welfen wandeln.« (Wir sagen: Bitte halten Sie Abstand zu lebenden Vertretern des Hauses.)

Weil man sich für Hermann Löns interessiert. Und für Rudolf Augstein.

»Ich liebe Nanas«, lacht eine junge Frau und geht weiter.

»Weil ich kein Geld für eine Reise in den brasilianischen Regenwald habe«, erklärt eine Rentnerin.

»Weil ich jedes Jahr auf der Hannover-Messe den ›Roten Faden‹ versäumt habe. Nun reicht's.«

Weil man eines der bedeutendsten Rathäuser Deutschlands besichtigen will ... und auf jeden Fall Herrenhausen gesehen haben muss.

»Wo gibt's denn sonst noch Barockfeuerwerke?«

Jemand will nicht so recht heraus mit der Sprache, erwähnt aber brummend die Heimat des Usambaraveilchens in Europa, und die sei nun mal Hannover.

»Das größte Schützenfest der Welt, nicht ohne mich!«

Weil man Hannover so gut mit dem Fahrrad kennenlernen kann.

»MERZBau? Muss doch irgendwo in Hannover stehen.«

»Weil wir nach acht Tagen am Steinhuder Meer mal eine Abwechslung brauchen!«

➤ Der Rote Faden führt Sie durch Hannover

J.P. Freut sich auf das Studio WOR

Die Landschaft

Hannover liegt am Übergang zweier Landschaften. Im Südwesten reicht der Deister recht nah an Hannover heran, einzelne Ausläufer des niedersächsischen Berg- und Hügellandes, z.B. der Lindener Berg, finden sich sogar im inneren Stadtgebiet. Zwischen Deister und Leine erstreckt sich die fruchtbare Calenberger Lössbörde.

Nördlich der Leine beginnt schon die norddeutsche Tiefebene mit der unfruchtbaren Moorgeest. Im Vergleich mit den ärmeren Geestbauern im Norden konnten die Bauern der Lössbörde mit einem drei- bis fünffachen Ernteertrag rechnen. Der relative Wohlstand ernährte mehr Menschen und ließ größere und wohlhabendere Dorfgemeinschaften entstehen. Noch heute zeigt die Landkarte im Süden Hannovers wesentlich mehr und größere Ansiedlungen als im

Norden, wo die wenigen Dörfer weit auseinanderliegen und Städte zu den Ausnahmen zählen.

Entlang der Leine entstanden in vorgeschichtlicher Zeit Handelswege, die zu beiden Seiten der 1500 bis 2000 Meter breiten Talaue verliefen. In Höhe der heutigen Altstadt Hannovers verengte auf der Westseite der Lindener Berg das Tal auf 500 Meter. Dort lag eine Flussinsel in der Leine, ein Werder, der sich aus Flugsand von einem Geestrücken an der Ostseite der Talaue gebildet hatte. Weder flussaufwärts noch flußabwärts gab es einen derart günstigen Ort, den Wasserlauf sicher zu überqueren. Dort entstand bald eine Siedlung, aus der sich die Stadt Hannover entwickelte.

➢ Silhouette Hannovers, aus der Perspektive eines Seglers auf dem Maschsee: Rathaus, Marktkirche und am Ufer der »Fackelträger«

Die Geschichte

Vorgeschichtliche Zeit und frühe Besiedlung

Etwa 120.000 Jahre alte Faustkeile von Jägern der Altsteinzeit sind die ältesten Zeugnisse menschlicher Zivilisation in der Gegend Hannovers. Die zeitlich darauffolgenden Funde stammen erst vom Ende der Altsteinzeit 8000 Jahre v. Chr. Keramikfunde in der Altstadt und in der Eilenriede aus der Jungsteinzeit (4000 bis 2000 v.Chr.) lassen auf eine frühe Besiedlung schließen. Sie sind oft die einzigen Spuren untergegangener Kulturen, ihre Formen und Muster dienen zur

zeitlichen und geographischen Einordnung der prähistorischen Kulturen, die in Ermangelung weiterer Nachrichten nach ihrer Keramik benannt werden. In der Altstadt Hannovers wurden donauländisch-mitteldeutsche Bandkeramik, Michelsberger Keramik, Glockenbecher-Keramik aus Südwesteuropa sowie Stücke aus dem nordeuropäischen Raum gefunden. Aus der frühen Bronzezeit (2000 bis 1500 v.Chr.) stammen zahlreiche Funde, die auf intensive Handelsbeziehungen hinweisen. In der frühen Eisenzeit (800 v.Chr. bis Christi Geburt) wählten die Menschen aufgrund

➢ Blick vom Rathausturm auf das ehemalige Provinzialmuseum, heute Niedersächsisches Landesmuseum

des sich verschlechternden Klimas höhere Siedlungslagen; zahlreiche Funde aus jener Zeit wurden in den Stadtteilen Döhren, Wülfel, Laatzen, Kirchrode und an anderen Orten gemacht. Von Christi Geburt bis 300 n.Chr. siedelte im Raum Hannover der germanische Stamm der Cherusker. Aus der Merowingerzeit (550 bis 700 n.Chr.) stammt ein umfangreicher Skelettfriedhof bei Anderten, der beim Bau der Hindenburgschleuse nach dem Ersten Weltkrieg entdeckt wurde.

Frühes Mittelalter

Die Geschichte Hannovers beginnt im 10. Jh. Dort, wo sich die Talaue der Leine auf 500 Meter verengt, wurde auf dem östlichen Ufer ein **Herrenhof** angelegt, der den leicht passierbaren Flussübergang zwischen dem Lindener Berg und dem östlichen Hohen Ufer sicherte. Zu dem Anwesen gehörte eine auf einem Werder im Flussübergang angelegte **Fluchtburg**, in der die Bewohner die Furt leicht verteidigen konnten. Als kürzeste Verbindung zwischen Minden und Lüneburg, den beiden Machtzentren der Billunger, war der Übergang von strategischer Bedeutung, zumal der östliche Uferweg längs der Leine teilweise zum Heerweg von Hildesheim nach Bremen gehörte. Am östlichen Ufer, an der später sogenannten Leinstraße, wurden im Laufe des 10. Jh. einige Höfe angelegt, Teil einer **Lehnshofsiedlung**. Herrenhof und Lehnshöfe bilden als »Burgsiedlung« den historischen Kern Hannovers. Im 10. Jh. existierte eine zweite Siedlung, die ungefähr zwischen dem Ort des Leineschlosses und der heutigen Aegidienkirche lag und »Tigislehe« bzw. »Tigislege« hieß.

Nachdem die Linie der Billunger 1106 erloschen war, betraten Anfang des 12. Jh. die **Grafen von Roden** die politische Bühne an der Leine. Ihr angestammtes Machtzentrum war das Land beiderseits der Leine zwischen Hannover und dem Steinhuder Meer. Graf Hildebold von Roden ließ zwischen 1124 und 1141 östlich der Burgsiedlung die Georgskirche errichten und gründete unmittelbar daneben einen Markt. Um Kirche und Markt entstand in der Folgezeit die dritte Ansiedlung Hannovers, die **Marktsiedlung**, die im Jahre 1163, als Heinrich der Löwe einen Hoftag in Hannover abhielt, bereits große Fortschritte gemacht haben muss.

Aus der Mitte des 12. Jh. stammen erste schriftliche Zeugnisse über den Namen Hannover, zunächst in den Legenden **»Miracula Bernwardi«**, die der Heiligsprechung des verstorbenen Bischofs Bernward von Hildesheim dienen sollten: Ein erblindetes Mädchen **»ex vico hanovere«**, also aus der Marktsiedlung Hanovere, soll am bischöflichen Grab Heilung gefunden haben. Ab Ende des 12. Jh. war die Schreibweise Honovere üblich. Der Name, dessen Bedeutung nicht ganz geklärt ist, könnte sich ableiten von overe, was »Ufer« bzw.

»Gewässerrand« bedeutet, oder von oever, der »Anhöhe«. Gewöhnlich wird der Name als »hohes Ufer« gedeutet.
Die politische Laufbahn der Grafen von Roden verlief einige Jahrzehnte parallel zu der ihrer Oberlehnsherren, der Welfen. Während Konrad I. von Roden die Marktsiedlung ausbauen ließ, widmete sich der 1142 mit Sachsen belehnte Herzog Heinrich der Löwe der Stadtbefestigung und gründete im Südosten zwischen 1149 und 1167 die **Aegidienkirche**, Mittelpunkt eines Kirchspiels mit neuem Siedlungskern, dem der alte Ort Tigislehe zum Opfer fiel. Honovere bestand kurz nach der Mitte des 12. Jh. also aus drei allmählich zusammenwachsenden Siedlungen, zwei Kirchen, einem Markt und einer Befestigung an der Leine. An der ungeschützten Ostseite wurde eine zunächst einfache Stadtbefestigung errichtet.
Nach dem Sturz Heinrichs des Löwen (1180) verschärften sich die Auseinandersetzungen zwischen Welfen und Staufern. Der Staufer und spätere Kaiser Heinrich VI. ließ Hannover 1189 in Brand stecken. Graf Konrad II. von Roden nutzte indes die Fehde der Großmächte, indem er nach 1200 in den alten Festungswällen auf dem Leinewerder die Burg Lauenrode errichten ließ. Für die Ministerialen und Dienstmannen wurden auf dem westlichen Ufer Häuser gebaut; aus den Anwesen entwickelte sich in der Folgezeit die Neustadt.

Aber noch war Hannover keine Stadt im vollen Rechtssinne. **Herzog Otto das Kind**, Enkel Heinrichs des Löwen und einziger Stammhalter des welfischen Hauses, erhielt im Jahre 1235 vom deutschen Kaiser die alten welfischen Allodialgüter als »Herzogtum zu Braunschweig und Lüneburg« zum Lehen. Das Gebiet erstreckte sich von der Niederelbe bis zur Oberweser und sollte schon bald unter verschiedenen Linien aufgeteilt werden. In Hannover herrschte damals Graf Konrad III. von Roden, der mit seinem Oberlehnsherrn Otto dem Kind 1241 einen Kompromiss schließen konnte: Burg Lauenrode und die Engern'sche Grafschaft blieben im Erbbesitz der Grafen von Roden, Hannover hingegen wurde dem Herzog unmittelbar unterstellt. Otto das Kind verlieh Hannover die Stadtrechte, und gemäß der Urkunde gilt der **26. Juni 1241** als **Gründungstag** der civitas Honovere.

➢ Siegel Heinrichs des Löwen

Es lohnt sich, einen Blick auf den **Plan der Stadt** Hannover um das Jahr 1241 zu werfen. Es fallen vier Hauptstraßenzüge auf, die interessanterweise bis heute im Stadtplan der Altstadt deutlich erkennbar sind. Älteste Straße aus dem 11. Jh. ist die Leinstraße, die sich im Norden in der Burgstraße und im Süden als Knappenortstraße, Köbelingerstraße (teilweise) und Breite Straße fortsetzt. Von diesem Straßenzug, der Teil der Fernverkehrsstraße (Heerstraße) von Hildesheim nach Stade bzw. Bremen war, zweigen die drei übrigen Hauptstraßenzüge aus dem 12. Jh. ab: Köbelinger- und Knochenhauerstraße, Markt- und Schmiedestraße sowie die im Osten verlaufende Osterstraße. Nach diesen vier wichtigsten Straßen wurden auch die Stadtviertel benannt. Alle Straßenzüge verlaufen von Südost nach Nordwest in etwa parallel und haben so gut wie keine breiten Querstraßen. Nach 1230 wurde am Markt ein **Rathaus** errichtet, von dem im Nachfolgebau aus dem 15. Jh. Teile erhalten sind. Bereits in der zweiten Hälfte des 12. Jh. war eine Stadtbefestigung aus Gräben und mit Palisaden besetzten Wällen im Osten und Südosten begonnen worden. Um 1250 wurde eines der hölzernen Stadttore durch einen steinernen Bau ersetzt, das **»Steintor«**. Im späten 14. Jh. konnte man eine schützende Mauer rund um die Stadt vollenden.

Die Ratsverfassung von 1448 gibt über die politischen Verhältnisse in Hannover im 15. Jh. recht genau Auskunft. Der Rat, der auch den **Bürgermeister** wählte, setzte sich aus 16 Personen zusammen: Vier kamen aus der reichen **Kaufmannschaft**, der mächtigsten Gruppe, je einen Vertreter entsandten die vier großen **Ämter** bzw. Zünfte, und zwar Bäcker, Knochenhauer, Schuster und Schmiede. Vier Vertreter stellte die **Meinheit**, die zunftfreien Bürger, die restlichen vier Vertreter waren Geschworene. Sie alle wurden bemerkenswerterweise von einem Geschworenenkollegium gewählt, das vom Rat aufgestellt wurde. Kurzum, der Rat wählte sich selbst aus eigener Macht. Kaufleute, Gilden und Meinheit bestimmten ferner »Älterleute« (Vorsteher), deren Meinung im Rat gehört wurde.

Um das Jahr 1500 zählte Hannover etwa 5000 Einwohner. Aber nicht jeder Bewohner war auch ein **Bürger**. Bürger konnte nur werden, wer Grund und Boden in der Stadt besaß, eine gewisse Steuerleistung erbringen konnte, ehelich geboren war und wessen Vater keinen unehrlichen Beruf ausgeübt hatte. Unehrliche Berufe hatten z.B. Bader und Dirnen, obgleich wohl jeder gelegentlich zum Bader ging und auch die Dirnen ihr Auskommen hatten. Wer die Voraussetzungen erfüllte, musste ein Bürgergeld zahlen und den Bürgereid leisten, dann war er »Bürger« im rechtlichen Sinne. Er durfte Vieh auf den städtischen Wiesen weiden lassen, er konnte Handel treiben und stand unter dem

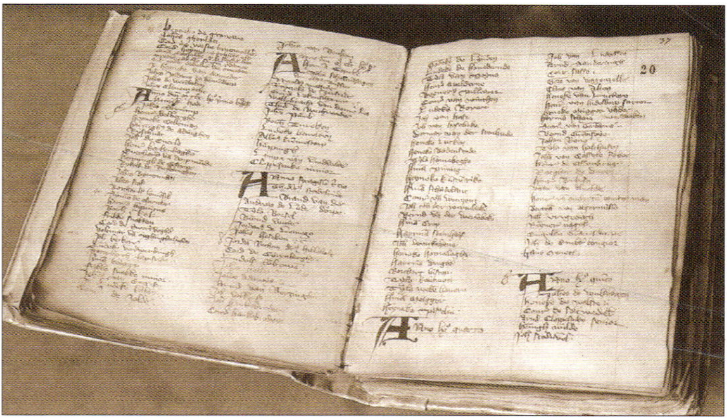

➢ Blick in das Bürgerbuch Hannovers

Schutz der Stadt. Doch er hatte auch Pflichten: Dazu gehörten die Steuerpflicht, Wachdienst, Schanzdienst, die Brandbekämpfung und der Waffendienst. Den Degen, die Armbrust oder die Muskete musste er sich selbst anschaffen. Wie man eine Armbrust oder, nach Beginn des 16. Jh., die Hakenbüchse handhabte, wurde außerhalb der Stadtmauer eingeübt: Mit der Armbrust schoss man auf einen bunten Vogel aus Holz, den »Papagei«, der an einer Stange befestigt war; nach Einführung der Hakenbüchse zielte man auf hölzerne Scheiben. Aus dieser Tradition entwickelte sich später das Schützenfest, das größte und bedeutendste Volksfest der Welt.

Wer das Bürgerrecht nicht besaß, war einfacher »Bewohner«. Bürgerliche Pflichten musste er nicht übernehmen, er unterlag aber dem Stadtrecht. Unter diese Gruppe fielen die »unehrlichen« Berufe, aber auch Aussätzige. Die dritte große Gruppierung setzte sich zusammen aus Adel, Klerus und Juden, die kein Bürgerrecht besaßen und dem Stadtrecht nicht unterlagen, wohl aber Sonderrechte und Sonderpflichten hatten. Wer als »Höriger« (Leibeigener) vom Lande kam, wurde erst nach einem Jahr und einem Tag – innerhalb dieser Frist konnte jemand Besitzrechte beanspruchen – in den Schutz der Stadt aufgenommen: »Stadtluft macht frei«.

Wie fast überall in der Zeit vor der Reformation war auch in Hannover das Verhältnis der Bürgerschaft zum **Landesherrn** aufs äußerste gespannt. Gewährte der Landesherr bei der Stadtgründung großzügig die erforderlichen Rechte, um die Wirtschaft zu fördern und von den Steuern zu profitieren, so musste die Stadt dem Herrscher später wei-

➢ Stadtansicht Hannovers im 16. Jahrhundert, in der Mitte die Marktkirche

tere Rechte abkaufen. So konnte der Rat 1296 das Patronat an der Heilig-Geist-Kapelle und 1333 an der Kreuzkirche erwerben, womit die eigenständige Ernennung des Pfarrers verbunden war. Doch bei der Marktkirche und der Aegidienkirche gab der Landesherr das Patronat nicht ab. 1297 schritt Hannover zur weiteren Befestigung der Stadt - eigenmächtig, wie der Herzog meinte, der mit Waffengewalt eingriff. Man hatte 38 Tote in der Stadt zu beklagen, doch schließlich gab der Landesherr nach. 1357 überließ er das Befestigungsrecht ganz der Stadt.

Hannover übernahm immer mehr Rechte vom Landesherrn. Bereits gegen Ende des 14. Jh. war die Stadt de facto autonom und erließ eigenständig Statuten und Verordnungen. Gestützt auf die Ratsverfassung von 1448 konnte Hannover seine Angelegenheiten weitgehend eigenständig regeln. Dabei war die städtische Freiheit rechtlich nicht abgesichert. Der Rat diente dem Herzog freiwillig, war aber zu nichts verpflichtet. Das System funktionierte, weil man im Einvernehmen war. Die Probleme begannen mit der Reformation.

Begünstigt durch die Lage, entwickelte sich Hannover zu einer Stadt des Handels. Der Fernverkehrsweg Bremen-Hildesheim, Teil der Nord-Süd-Verbindung zwischen Nordsee und Oberdeutschland, kreuzte nahe der Stadt eine Ost-West-Verbindung. Außerdem war Hannover durch die Wasserstraße Leine-Aller-Weser mit den Seehäfen an der Nordsee verbunden. Getreide aus dem Lössgebiet südlich wurde in

die Lüneburger Heide bzw. nach Bremen transportiert. Aus Flandern wurden feine Tuche importiert, aus Nowgorod kamen Pelze, Häute, Tran und Wachs. Schweden und Dänemark lieferten Heringe und Butter. Hannover trat der Hanse bei, nahm an den Hansetagen aber nur selten teil.
Produziert wurde an der Leine allerdings wenig. Im 16. Jh. war nur das Bierbrauen nennenswert, vor allem das bekannte Broyhan-Bier war landauf, landab sehr beliebt. Ein ständiger Konflikt um Monopole prägte (und lähmte) das Wirtschaftsleben. Bis ins kleinste Detail waren die Geschäfte von Handwerkern und Händlern geregelt - ein starres System, das Hannovers Entwicklung zunehmend behinderte und die Stadt im 17. Jh. neben Braunschweig, Göttingen und Hildesheim eher unbedeutend erscheinen ließ.

Die Reformation in Hannover

Hannover war zu Beginn des 16. Jh. eine in sich gefestigte Stadt, die mit dem Landesherrn ein gutes Verhältnis pflegte und fast autonom herrschte. Sogar den Klerus hatte man in seine Schranken verwiesen: Es gab nur ein Kloster, an weiteren Einrichtungen war der Rat nicht interessiert. Stiftungen und Schenkungen reicher Bürger an den Klerus, der Steuerfreiheit genoss, wusste man zu unterbinden bzw. belegte die geschenkten Güter mit hohen Steuern.

Und dennoch gärte es unter der Oberfläche. Kaufmannschaft und die vier »Ämter« waren die einflussreichsten Gruppierungen in Hannover, während die Meinheit im politischen Entscheidungsprozess deutlich unterrepräsentiert war. Vor allem sahen sich die zahlreichen kleinen Gilden der Handwerker von der Politik ausgeschlossen. Bis zur Reformation hatte sich jene Gruppe Kaufleute, die an den Schalthebeln der Macht saß, immer mehr verkleinert und bestand um 1530 aus einem guten Dutzend reicher Familien. Diese stellten den Bürgermeister, saßen im Rat und dominierten in allen angesehenen und Einfluss versprechenden Ämtern und Ehrenämtern, vor allem als Münzherren, Richtherren, Wein- und Bierherren sowie als Kämmerer. Der Rat könne »tun, was er wolle«, hieß es in einem zeitgenössischen Bericht.
In dieser Zeit trafen unglaubliche Nachrichten ein: Ein gewisser Luther aus Wittenberg hatte unerhörte Forderungen an Obrigkeit und Kirche gestellt. Der Theologe verlangte eine Gemeindekirche, er wollte der Predigt größeren Einfluss verschaffen, und er machte sich daran, den Ablass und das Zölibat aufzuheben. Luther forderte dazu auf, das Kirchenleben zu reformieren, indem er es auf das Neue Testament zurückführte.
Im Fürstentum Calenberg-Göttingen wollte man von Luthers Lehre nichts wissen, Landesherr sowie Rat und Klerus in Hannover lehnten die neuen Ideen ent-

➢ Der Schwur der Bürger 1533. Ausschnitt aus dem Wandgemälde von Ferdinand Hodler im Rathaus

schieden ab. 1524 verbot der Rat den Bewohnern, sich mit »lutherischen Ketzern« zu treffen, ein Jahr später wurden Schriften mit reformatorischen Ideen auf dem Markt verbrannt. 1529 versicherten alle wichtigen Institutionen dem Rat die Treue im rechten Glauben.

Doch die reformatorischen Ideen waren nicht aufzuhalten. Nach dem August 1532 überstürzten sich die Ereignisse: Der Rat wollte die **Liebfrauenkapelle** vor der Stadtmauer eines besseren Schussfeldes wegen abreißen lassen. Die Kapelle stand auf dem Territorium von Herzog Ernst dem Bekenner, einem eifrigen Anhänger der Reformation. Da das lüneburgische Döhren bereits lutherisch war, wollte der Rat einen zweiten evangelischen Vorposten vor der Stadt nicht dulden. Kaufmannschaft und die vier großen Ämter stimmten zu, doch die Meinheit ließ sich vom Rat nicht drängen. Sie forderte eine Versammlung aller Mitglieder aus Kaufmannschaft, Ämtern, Gilden und der Meinheit. Das hatte es in Hannover noch nie gegeben! »Mit schwerem Gemüt« gab der Rat nach.

Ein Konvent wurde einberufen, der einen 24-köpfigen **Bürgerausschuss** wählte. Dessen Forderungen waren zu Beginn vor allem politischer und wirtschaftlicher Art. Man wollte mehr Beteiligung an der Politik, die Knochenhauer sollten das Fleisch in der Stadt kaufen (und nicht das preiswerte im Umland), Bier und Wein im Stadtkeller seien zu teuer, und den abgeschafften Papageienbaum der Schützen wollte man auch wiederhaben! Die evangelische Lehre wurde zwar noch nicht gefordert, aber man wollte ein »lauteres Evangelium« und »gelehrte Prediger« haben.

Der Rat blieb in den religiösen Angelegenheiten hart. In den folgenden Monaten gewannen die Forderungen des Bürgergremiums zunehmend einen kirchenkritischen Charakter: Die Pfaffen sollten besteuert, »Ketzer« nicht mehr verfolgt werden, man wollte evangelische Prediger, das Zölibat sollte abgeschafft werden. Und vor allem wollte man das Bußgeld für die Lektüre des Neuen Testaments abschaffen.

Das Ansehen des Rats sank von Woche zu Woche. Ein Franziskaner wurde verjagt, ein protestantischer Schulmeister musste vom Rat geduldet werden, die altgläubigen Gildemeister wurden entmachtet. So kam es am 26. Juni 1533 zu jenem **Schwur der Bürger** auf dem Markt, treu und einmütig zur **Reformation** zu stehen. Am 20. August wurde der Treueschwur erneuert. Daraufhin flohen die Ratsherren am 14. September 1533 »still und leise« nach Hildesheim.

Die Reformation in Hannover hatte gesiegt – als Bewegung »von unten«, die zunächst vor allem politische und wirtschaftliche Forderungen verfolgte. Bis zur neuen Wahl im April 1534 herrschte eine Art »Notstandsregierung«. Viele Geistliche und altgläubige Bürger wurden verjagt. Mit ihnen traten jene Kaufmannsfamilien von der politischen Bühne ab, die seit Jahrzehnten Hannover beherrscht hatten. Jene Kaufleute, die bisher von der städtischen Politik ausgeschlossen waren, ferner die Angehörigen der Meinheit und der zahlreichen kleinen Gilden traten nun als einflussreiche Gruppen hervor. Durch die neue **Ratsverfassung von 1534** wurde die alte Elite entmachtet, eine Erneuerung des Rates aus sich selbst war nun nicht mehr möglich, den Bürgermeister stellte fortan die Meinheit. 1536 schuf Urbanus Rhegius eine neue Kirchenordnung: Das Kirchenregiment des Rates wurde festgeschrieben, Rat und Gemeinde ernannten und bezahlten fortan die Prediger, Beginen- und Franziskanerkonvent wurden aufgelöst, die Mönche vertrieben. Der altgläubige Klerus lebte fortan ohne Arbeit in der Stadt.

Die Reformation beendete das einvernehmliche Verhältnis Hannovers mit dem Landesherrn. Im Fürstentum Calenberg war zuerst Göttingen evangelisch geworden, dann Hannover, erst 1539 folgte Northeim, 1542 Hameln. In jenem Jahr wurde auch das Fürstentum evangelisch. Doch der Weg dorthin war beschwerlich. 1533 riegelte der altgläubige Fürst die Straßen ab, die nach Hannover führten,

➢ Das Leibnizhaus in der Schmiedestraße. Ansicht vor dem Zweiten Weltkrieg

so dass die Lebensmittel knapp wurden. 1536 trat Hannover dem **Schmalkaldischen Bund** bei, einem militärischen Pakt evangelischer Fürsten und Städte. Der katholische Kaiser Karl V. siegte 1547 bei Mühlberg an der Elbe über den Bund, ein Jahr darauf musste Hannover beim Kaiser in Augsburg Abbitte leisten und geloben, fortan kein Militärbündnis einzugehen. 1540 hatte Hannover seinem Fürsten eine Landessteuer verweigert, nun musste die Stadt Herzog Erich II. (1540-86), der über Hannover »zum höchsten verbittert« war, mit einer Zahlung von 8000 Gulden freundlich stimmen.

Hannover im 17. Jahrhundert

Ab Mitte des 16. Jh. suchten die Landesherren überall im Deutschen Reich die Selbständigkeit der Städte nach Kräften zu beschneiden. Dies war bereits unter Herzog Julius zu beobachten, Nachfolger von Erich II., der eine absolute Stellung beanspruchte. Auch sein Sohn Heinrich Julius wollte die Rechte Hannovers auf allen Gebieten einschränken. Den stärksten Einschnitt erlebte Hannover aber unter **Georg I.** (1636-41). 1635 erhielt Herzog Georg zu Braunschweig-Lüneburg das Fürstentum Calenberg mit Hannover sowie die Grafschaften Hoya und Diepholz. Er bestimmte **1636** Hannover zur **Residenz**, mithin eine Stadt, die Tillys Truppen 1625 – als einzige in Calenberg – erfolgreich Widerstand geleistet hatte und über eine ausreichende Wirtschaftskraft für eine repräsentative Hofhaltung verfügte. Hannover musste fortan den Landesherrn in seinen Mauern ertragen. In einem **»Residenzvertrag«** sicherte Georg Hannover sämtliche alten Rechte und Freiheiten zu – unter fürstlicher Entscheidungshoheit. Auf dem Papier schien die Autonomie Hannovers gesichert zu sein, aber im politischen Alltag zeigte sich, dass der Vertrag dem Fürsten jede Freiheit zu absolutistischer Herrschaft bot. Georg konnte in städtischen Angelegenheiten mitregieren, und seine Hofbediensteten waren von der Gerichtsbarkeit des Rates ausgenommen. Für Hannover begannen ungewohnte Zeiten, aber auf lange Sicht zog die Stadt, trotz der schleichenden Entmachtung, großen Gewinn daraus.

Die Vorteile für Hannover ergaben sich durch die Verlagerung der großen Wirtschaftsräume

➣ Flickschuster

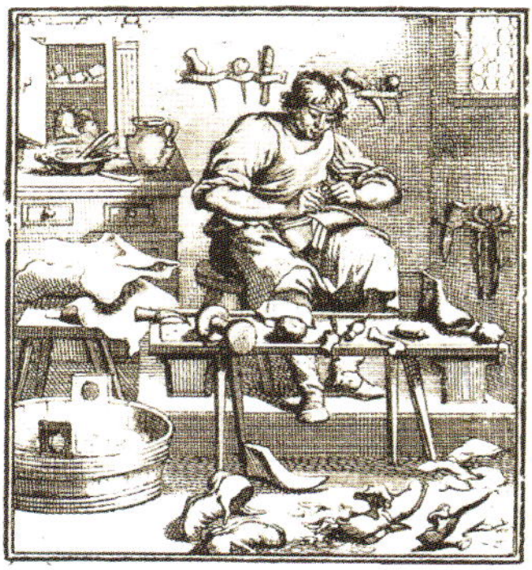

➣ Alte Ansicht des Rathauses am Maschteich

nach Westen. Nach der Entdeckung Amerikas 1492/93 verlor die Ostsee, der traditionelle Wirtschaftsraum der Hanse, stark an Bedeutung. Dagegen zog die Nordsee im 16. Jh., bedingt durch die dynamische Entwicklung der welthandeltreibenden Staaten Holland und England, neue Handelsströme an. Hannover profitierte davon, war die Stadt doch durch die alte Fernhandelsstraße und die Wasserstraße Leine-Aller-Weser mit Bremen verbunden.

Durch die »Residenznahme« entging Hannover dem Schicksal vieler mittelalterlich geprägter Städte, die durch die Verlagerung der Handels- und Wirtschaftszentren ins Abseits gerieten und keine Mittel fanden, die Folgen ihrer Randlage zu überwinden. Der Hof vergab Aufträge und brachte Geld in die Stadt. Allerdings bekam Hannover mit der Calenberger Neustadt einen lästigen Konkurrenten an die Seite. Für Hannover begannen unerhörte Zustände: Die herzogliche Kanzlei wurde am Kirchhof der Kreuzkirche eingerichtet, Hofgericht und Konsistorium waren die nächsten landesherrlichen Behörden, die von Hildesheim nach Hannover verlegt wurden. Im September 1636 folgte Georg mit 3000 Landsknechten von Hildesheim nach, seine Soldateska wurde in der Stadt und den umliegenden Dörfern einquartiert. Im April 1637 entschied Georg I., am Ort des Franziskanerklosters an der Leine ein neues **Schloss** zu errichten. Die städtischen Behörden, die dort untergebracht waren, mussten sehen, wo sie blieben.

Mit Georg I. betrat ein neuer Herrschertyp die politische Bühne: Von absolutem Anspruch, machtbewusst und selbstherrlich, wollte er vor allem das Staatsterritorium ver-

➣ *Gottfried Wilhelm Leibniz (1646–1716)*

größern und durch Glanz, Prunk und ausschweifende Feste Ruhm und Ansehen gewinnen. Neben ihm konnte es keine andere Macht geben: Der Adel wurde entmachtet und in die Hierarchien des Hofes oder des Militärs eingegliedert, Bürger wurden zu Untertanen. Auf Georg I. folgten **Christian Ludwig** (1641-48), der in betrunkenem Zustand auch mal nachts die Hannoveraner mit Kanonenschüssen aufschreckte, **Georg Wilhelm** (1648-65), der stets treu auf Seiten des Kaisers stand, und **Johann Friedrich** (1665-79), der hingegen den luxuriösen Regierungsstil Ludwigs XIV. kopierte, weshalb er ständig auf französische Subsidien angewiesen war. In der Regierungszeit dieses auf Glanz und Ruhm geradezu erpichten, katholischen (!) Barockfürsten traf der Mathematiker und Philosoph Gottfried Wilhelm Leibniz in Hannover ein.

Johann Friedrich ließ 1665 in der Nähe des Dorfes Höringehusen ein bei Koldingen abgebautes Fachwerkgebäude errichten und zu einem Schloss erweitern - Mittelpunkt der neuen Sommerresidenz »Herrenhausen«, die in den Folgejahren mit einem prachtvollen Barockgarten ausgestattet wurde.

Unter **Ernst August** (1679-98) kam Bewegung in die Politik: 1658 hatte der Herzog **Sophie** geheiratet, Tochter Friedrichs V. von der Pfalz (»Winterkönig von Böhmen«) und Elisabeth Stuarts, die eine Tochter des englischen Königs Jakob I. war. Ernst August führte 1683 das Primogenitur-Recht ein, demzufolge das Territorium des Herzogtums fortan unteilbar war und nur von einem männlichen Erben regiert werden durfte. Demgemäß konnten die Herzöge von Calenberg-Göttingen auch mit der Regentschaft über das Herzogtum Lüneburg rechnen, da Ernst Augusts ältester Sohn Georg Ludwig vorausschauend im Jahr zuvor **Sophie Dorothea,** einzige Tochter des sohnlosen Herzogs Georg Wilhelm von Celle, geheiratet hatte. Von ihr wird noch zu reden sein.

Ernst August baute eine effektive, straff organisierte und merkantilistischen Einfluss zeigende Verwaltung auf, holte mit dem Grafen von Platen und dem Herrn von Grote kompetente Minister ins Land und suchte mit der von ihm geschaffenen Schlossoper (eröffnet 1689) und glänzenden Karnevalsfesten die anderen Fürstenhöfe zu übertreffen. Beharrlich arbeitete er an der Verwirklichung seines größten Zieles - der **Verleihung der kurfürstlichen Würde**. Im Jahre **1692** stimmte der Kaiser endlich zu, Hannover wurde - gegen eine Geldsumme und das Versprechen, dem Hause Habsburg stets verbunden zu bleiben - das neunte Kurfürstentum im Heiligen Römischen Reich Deutscher Nation.

In das Jahr 1694 fällt die bekannte **Königsmarckaffäre**. 1682 hatte Georg Ludwig aus machtpolitischen Gründen **Sophie Dorothea** geheiratet. Im Karneval 1688 lernte die vereinsamte Prinzessin den **Grafen Philipp Christoph von Königsmarck** kennen. Das heimliche Liebesverhältnis wurde aufgedeckt, Königsmarck am 11. Juli 1694 im Leineschloss (!) von Höflingen ermordet und in die Leine geworfen. Kronprinz Georg Ludwig, dem ein Leben mit Mätressen selbstverständlich war, ließ sich scheiden und verbannte seine untreue Gattin auf das Amtshaus in Ahlden, wo sie, von ihren Kindern getrennt, zurückgezogen und einsam, bis zu ihrem Tode 1726 leben musste.

Im Jahre 1698 trat **Georg Ludwig** die Herrschaft als Kurfürst an. Nach dem Tode seines Oheims und Schwiegervaters Georg Wilhelm von Celle 1705 fielen dessen Länder an »Kurhannover«, das nun zu einer »Mittelmacht« aufstieg, wie sich in zahlreichen Staatsbesuchen zeigte: 1708 kam Prinz Eugen, 1713 weilte Zar Peter der Große von Russland in Hannover, häufig trafen Besucher aus England ein. Im November 1706 heiratete der preußische König Friedrich Wilhelm I. Sophie Dorothea, Tochter Georg Ludwigs, was Anlass für ein glanzvolles Fest an der Leine gab. Die verwitwete Kurfürstin Sophie, die an den Künsten und Wissenschaften regen Anteil nahm, zog zahlreiche Persönlichkeiten an den Hof, mit Leibniz stand sie in ständigem Austausch.

Hannover veränderte sich vor allem durch die neuen herzoglichen Bauten, die an erster Stelle der Repräsentation dienen sollten. Der sogenannte Klosterflügel des

➢ Historische Ansicht des Beginenturms

Schlosses wurde errichtet, die Mittelfront erneuert, der Rittersaal von den Italienern Dossa Grana und Perinetti prachtvoll ausgeschmückt. Durch die Niederlegung einiger Teile des Stadtwalls und durch Brückenbauten (Schlossbrücke, Sommerbrücke) wurde die Calenberger Neustadt besser an die Altstadt angeschlossen. Nördlich des Beginenturms entstand 1649 ein neues Zeughaus, daran anschließend die herzogliche Reit- und Rennbahn (1666), die 1682 durch das (alte) Marstallgebäude ergänzt wurde. Prägenden Einfluss auf Hannovers Stadtbild hatte der Baumeister **Remy de la Fosse**, der 1712 den neuen Marstall und ein Reithaus am Leineufer schuf (der Eingang des Reithauses blieb als »Marstalltor« erhalten), ferner das Landständehaus an der Osterstraße (1710–12) und ein Archiv- und Bibliotheksgebäude (1719). Fünfzig Prozent der gesamten Landeseinnahmen flossen in die Hofhaltung, die Stadt ging dabei so gut wie leer aus.

Das neue **Stadtreglement (Stadtverfassung) von 1699** unterstellte den Rat der Landesherrschaft. Für die meisten Bewohner Hannovers änderte sich gar nichts, hatten sie den Rat doch auch zuvor nicht gewählt. Auch den wirtschaftlich lähmenden Einfluss der mittelalterlich geprägten Zünfte suchte die Landesherrschaft nach Kräften zu brechen, indem sie 1692 eine Neuordnung des Zunftwesens durchsetzte (die gleichwohl ohne großen Erfolg blieb) und Aufträge gezielt an privilegierte, »unzünftige« Handwerker in der Neustadt vergab.

Worum es dem Landesherrn ging, zeigte sich in der **Calenberger Neustadt**, die eine dynamische, in die Zukunft weisende Entwicklung nahm und damit in scharfe Konkurrenz zur Altstadt trat. Die Neugründung eröffnete kaufmännischen Talenten neue Tätigkeitsfelder, z.B. **Johann Duve** (1611–79), der ganze Häuserreihen für die Hofbediensteten errichtete, und dem Bankier **Elieser Leffmann Behrens** (1634–1714). Während nach dem Ende des Dreißigjährigen Krieges fast keine Bautätigkeit in der Altstadt zu beobachten war, zog die Errichtung der Neustadt zahlreiche Handwerker an, deren »unzünftige« Stellung von der Landesherrschaft begünstigt und nicht selten durch Privilegien abgesichert wurde. Alle wichtigen Regierungsstellen sowie halbstaatlichen Institutionen siedelten sich in der Neustadt an, die durch ihre religiöse Toleranz ohnehin attraktiver war als die Altstadt. Während nichtlutherische Gäste die Altstadt am Abend verlassen mussten, konnten sich Katholiken, Juden und Hugenotten in der Neustadt dauerhaft niederlassen.

Die Baumaßnahmen in der **Neustadt** waren umfassend: 1653 war der gemeinsame Befestigungsring um Alt- und Neustadt komplett, bestehend aus fünfeckigen Bastionen, einem bis zu 40 Meter breiten Wall und einem 50 bis 70 Meter breiten Graben. Haupt-

➣ Die St. Johannis-Kirche in der Calenberger Neustadt

achse in westöstlicher Richtung wurde die **Calenberger Straße**, wo sich Hofbedienstete und Beamte repräsentative Häuser errichten ließen. Nach 1661 entstand an der Calenberger Straße der **Neustädter Marktplatz**, in den Jahren 1666–70 die **St. Johannis-Kirche**, für deren Bau Duve das nötige Geld beschaffte. Die Johanniskirche gilt als einer der wenigen lutherischen Kirchenneubauten überhaupt. Duve errichtete ferner zahlreiche Wohnhäuser in einheitlichem Stil an der Roten und der Blauen Reihe.

Kurfürstin Sophie, Freundin der Musen, wurde 1701 zur Nachfolgerin der britischen Königin Anna bestimmt

Sophies Sohn Georg Ludwig bestieg 1714 als Georg I. den britischen Thron

Kurhannover und die Personalunion mit England

Kurfürstin Sophie, seit 1698 verwitwet, war die einzige protestantische Verwandte der Stuarts, des englischen Königshauses. Im Jahre 1701 bestimmte das englische Parlament in einem **Erbfolgegesetz** Kurfürstin Sophie zur Nachfolgerin von Königin Anna. Sophie starb am 8. Juni 1714 auf einem abendlichen Spaziergang in Herrenhausen – wenige Wochen vor Anna, die am 12. August 1714 verschied. Sophies Sohn Georg Ludwig verließ am 11. September 1714 Hannover und bestieg als **Georg I.** den Thron von England und Irland. Kurhannover und England waren durch Personalunion verbunden.

Ohne den Kurfürsten lag in Hannover das öffentliche und politische Leben brach. Der Adel und die zurückgebliebenen Hofbeamten spielten Residenz und waren doch auf verlorenem Posten. Die Folge war eine Verödung des Hoflebens, der Adel suchte sich andere Betätigungen. Der Handel ging zurück, die Handwerker der Neustadt klagten über wirtschaftliche Einbußen, Gäste blieben aus.

Reger Handel

Man kann von Glück sagen, dass die Altstadt im 18. Jh. einen überragenden Bürgermeister hatte: **Christian Ulrich Grupen** (1692–1767, im Amt 1725-67). Der Jurist, mit großem Pflichtgefühl und einer immensen Arbeitswut ausgestattet, ordnete das Archiv der Altstadt neu und förderte alte, längst vergessene Rechte zutage, die er kampflustig gegenüber der Landesherrschaft vertrat. Schriftstellerisch interessiert, schilderte er das kleine Erdbeben vom 18. Februar 1756, das die Glocken der Marktkirche zum Klingen brachte, und listete trocken und detailversessen jene Torturen auf, welchen Schwerverbrecher in Hannover unterzogen wurden. Grupen war ein widersprüchlicher Charakter: Gegen die Landesherrschaft trat er selbstbewusst und störrisch auf, die Bürger Hannovers behandelte er aber wie Untertanen. Nicht alle seine Vorhaben waren erfolgreich - die von ihm geplante **Aegidienneustadt** rund um die Breite Straße war als Gewerbeansiedlung ein Fehlschlag -, doch alles in allem wusste er Hannover gut durch wirtschaftlich schwierige Zeiten zu steuern. Der bescheidene wirtschaftliche Aufschwung gegen Ende des 18. Jh. war jedenfalls sein Werk. Die Leineschifffahrt florierte, per Schiff wurden pro Jahr 3000 Tonnen Waren von Bremen eingeführt. Im Jahre 1796 zählte man 38 größere Manufakturen und Fabriken, darunter eine Gold- und Silbertressenfabrik, Strumpfmanufakturen, eine Kattundruckerei und eine Tabakfabrik, es gab sieben größere Kaufmannshandlungen. Sechs wichtige Poststraßen führten nach Hannover.

Die Besetzung Hannovers im Siebenjährigen Krieg durch die Franzosen brachte es an den Tag: Die Befestigungsanlagen waren angesichts der modernen Artillerietechnik nutzlos geworden. Ab 1767 ebnete man daher die Wälle ein und legte Alleen, Promenaden und Plätze an, z.B. die nach König Georg III. benannte Georgstraße im Jahre 1787. Die Bürger strebten zunehmend ins Umland: Längs der Landstraßen nach Celle, Braunschweig und Hildesheim existierten 1767 bereits rund 20 Landgasthöfe, die von den Bewohnern der Alt- und Neustadt - zusammen 15.500 Einwohner - als Ausflugsziele genutzt wurden. Hannover wurde schnell zu einer modernen Stadt: Um 1800 brannten 730 Laternen in der Stadt, 1801 kamen die ersten Straßenschilder, seit 1798 waren die Wege gepflastert.

Hannover unter Napoleon

Die »Franzosenzeit« brachte Hannover Not, Elend, Armut und politische Entmündigung. Obwohl das Kurfürstentum gegenüber Frankreich seine Neutralität erklärte, wollte Napoleon mit Hannover ein Druckmittel gegen England in der Hand haben. Die erste Besatzungszeit von Juni 1803 bis Oktober 1805 verlief relativ erträglich, wenngleich durch das Verbot des Freischießens die Tradition des Schützenfestes unterbrochen wurde. Doch im November 1806 zogen erneut französische Truppen ein, und diesmal richteten sie sich auf Dauer ein. Für die Bewohner begann eine schlimme Zeit mit

Einquartierungen von Soldaten und hohen Kontributionen, die gnadenlos eingetrieben wurden. 1807 wurde Kurhannover dem neugeschaffenen **Königreich Westphalen** unter Napoleons Bruder Jérôme als König einverleibt. Das vielleicht einzig Positive jener Jahre war die neue Verfassung von 1810, die gemäß dem **Code Napoléon** einheitliche Rechtsprechung, Gleichheit vor dem Gesetz, Glaubensfreiheit, volle Anerkennung der Juden, die Aufhebung des Zunftzwangs sowie die Abschaffung der Standesvorrechte vorschrieb. Sie war, wie sich bald zeigen sollte, ihrer Zeit weit voraus. Viele Bewohner wurden durch Kontributionen, Einquartierungen und den wirtschaftlichen Niedergang infolge der Kontinentalsperre gegen England in die Armut getrieben, gaben auf und verließen die Stadt (die Einwohnerzahl sank um ein Viertel). Resignation und Lethargie griffen um sich. Erstaunlicherweise konnte gerade zu jener Zeit der junge Unternehmer **Johann Egestorff** in Linden mit einer Kalkbrennerei den Grundstein für die frühindustrielle Entwicklung des Dorfes Linden legen, das rechtlich nicht zur Stadt Hannover gehörte. Man dankte es Egestorff mit dem Beinamen »Kalkjohann«. Nach zehn Jahren fast ununterbrochener Besatzungszeit war Hannover am 25. Oktober 1813 frei.

Man hatte in Hannover nun nichts Eiligeres zu tun, als die alte Verfassung wieder in Kraft zu setzen: Die neuen Freiheiten interessierten nicht mehr. Durch die Beschlüsse des Wiener Kongresses wurde Hannover Königreich und konnte sein Territorium beträchtlich vergrößern. Nach der Flucht Napoleons kämpften Einheiten aus Hannover unter General von Alten bei Waterloo an der Seite der Preußen, Engländer, Russen und Österreicher gegen Frankreich. Nach dem Sieg wurde ihnen zu Ehren die Waterloosäule errichtet.

Im Jahre 1814 wurde das Scheibenschießen wieder gestattet, so dass auch für die Schützen Hannovers die Welt wieder in Ordnung war. In demselben Jahr wurde Hannover Sitz der **Allgemeinen Landständeversammlung**, der Vertretung der gesamten Einwohnerschaft des neuen Königreiches. Das Amt des Generalgouverneurs versah **Herzog Adolf Friedrich von Cambridge**, jüngster Sohn des englischen Königs Georg IV., der durch seine freundliche Art in Hannover rasch große Beliebtheit gewann. 1831 wurde er Vizekönig.

Altstadt und Neustadt wurden **1824** gemäß der neuen **Stadtverfassung** vereinigt, die Justiz wurde von der Verwaltung getrennt. In dem neuen Bürgervorsteherkollegium, einer Art Bürgervertretung, dominierten Handwerker und Mittelstand. Noch immer konnten nur Wohlhabende wählen. 1826 veranstaltete das vereinigte Hannover das erste gemeinsame Schießen, 1827 erhielten die Schützen ein eigenes Schützenhaus an der Ohe – »zu prachtvoll und kostbar«, wie man sagte.

➣ Am Leineschloss mit der Schlossbrücke zeigt sich Hannover von seiner fürstlichen Seite

Ab 1816 machte **Georg Ludwig Laves** (1788–1864) als neuer Hofbaumeister von sich reden. Seine klassizistischen Bauten wirken bis heute überzeugend, z.B. der Bibliothekspavillon am Herrenhäuser Berggarten (1819), sein Wohnhaus (1822) und das Palais Wangenheim (1833), beide in der Friedrichstraße gelegen. Darüber hinaus plante er eine Nord-Süd-Achse durch die Altstadt und eine Stadterweiterung vor dem Steintor. Ab 1826 gestaltete er den Waterlooplatz, auf dem am 18. Juni 1832 die Waterloosäule eingeweiht wurde.

König Georg IV. starb 1830, sein Bruder Wilhelm IV. trat die Nachfolge an. Unter dem neuen König wurden mit dem **Gesetz zur Ablösung der bäuerlichen Lasten** von 1831 die Bauern befreit, 1833 konnte mit dem **Staatsgrundgesetz** die städtische Selbstverwaltung im Königreich Hannover verwirklicht werden. Nachdem Wilhelm IV. 1837 ohne Erben gestorben war, musste aufgrund unterschiedlicher Thronfolgeregelungen in England und Hannover die Personalunion nach 123 Jahren aufgehoben werden. König von Hannover wurde Wilhelms jüngerer Bruder **Ernst August**, Herzog von Cumberland, der als erzkonservativ und kompromisslos galt und allen Neuerungen ablehnend gegenüberstand. Sein Einzug in die neue Residenzstadt des nun eigenständigen Staats Hannover verlief denn auch auffallend frostig. Schon am 1. November 1837 setzte er das Staatsgrundgesetz außer Kraft, da er darin die Rechte der Krone über Gebühr eingeschränkt sah. Der Staatsstreich rief Protest im ganzen Lande hervor, auch von einer Gruppe Göttinger Professoren, die als **»Göttinger Sieben«** (Brüder Grimm, Detmold) weithin bekannt wurden. Der Verfassungskonflikt, in dem der König sich schließlich doch einsichtig zeigte, dauerte bis 1841.

Die Märzrevolution 1848 verlief in Hannover für den König recht glimpflich. Aufhebung der Zensur, Einberufung der Stände, Schaffung einer Bürgerwehr und einer allgemeinen Volksvertretung beim Deutschen Bund in Frankfurt waren die Forderungen der Bürger. Ernst August reagierte kompromissbereit, schaffte die Zensur ab, setzte ein liberales Kabinett ein, berief die Ständeversammlung ein und genehmigte eine liberale Verfassung.

Im Jahre 1851 starb Ernst August. Zugunsten seines Sohnes hatte er das Erbfolgegesetz ändern lassen, so dass **Georg V.** trotz seiner Blindheit den Thron besteigen konnte. Der 32 Jahre junge König wollte absolut herrschen und die revolutionären Errungenschaften von 1848 beseitigen. 1855 entschloss er sich zu einer Art Staatsstreich und hob die liberale Verfassung von 1848 auf. Im Konflikt zwischen Preußen und Österreich um die Vorherrschaft in Deutschland lehnte er 1866 ein Bündnisangebot Preußens ab, stimmte im Bundestag zu Frankfurt für Habsburg, woraufhin Preußen Hannover den Krieg erklärte. Bismarck ließ Truppen einmarschieren, er wollte Hannover annektieren. Georg V. entschloss sich zum Kampf – »als Christ, Monarch und Welfe« könne er nicht anders – und unterlag. Er ging außer Landes und starb 1878 im österreichischen Exil.

Die verlorene Schlacht bei Langensalza beschäftigte noch lange die Gemüter, besonders in Hannover hielt sich über Jahrzehnte die Preußenfeindlichkeit, vor allem in der Deutsch-hannoverschen Partei, der »Welfenpartei«. Wieder hatte Hannover seine Residenz verloren, von einer Landeshauptstadt sank es herab zu einer preußischen Provinzhauptstadt. Das einst vom Hof geförderte Kulturleben lag danieder, Handwerk und Gewerbe verloren ihre Aufträge.

➢ Waterloo-Säule von 1832

Ein Denkmal für die »Göttinger Sieben«

Im März 1998 wurde neben dem Niedersächsischen Landtag ein Denkmal für die »Göttinger Sieben« enthüllt. Der italienische Bildhauer Florian Budini (1933 in Gemonio/ Varese geboren) schuf eine Figurengruppe, die die Situation der »Sieben« nach der Veröffentlichung ihres Protestes zeigt: Drei der sieben Professoren (Georg Gottfried Gervinus, Friedrich Christoph Dahlmann und Jacob Grimm) wurden von König Ernst August des Landes verwiesen. Durch ein bronzenes Portal verlassen sie das Land, das Gesicht der Leine und den Grünanlagen hinter dem Leineschloss zugewandt: Sie gehen ins Offene. Die anderen Gelehrten wurden des Amtes enthoben, sie gruppieren sich, fast hilflos wirkend, auf einer weitläufigen Treppe in deutlicher Distanz zum König, der auf einem Pferd thronend isoliert auf einem Sockel steht.

Die Gesichtszüge der Plastiken lieh sich Budini bei Freunden aus seinem Umkreis, deren Verhalten ihn an die »Sieben« erinnerte.

Die Entstehung des Denkmals geht auf eine Initiative des Niedersächsischen Landtags und der Knigge-Gesellschaft zurück. Persönlicher Mut und Zivilcourage, die die »Göttinger Sieben« mit erheblichen persönlichen Konsequenzen bezahlen mussten, sollen in diesem Denkmal gewürdigt werden.

➢ Die Figurengruppe der »Göttinger Sieben«

Frühe Industrialisierung und Gründerzeit

Doch wir haben, der Politik folgend, die Entwicklung der Stadt und der Wirtschaft etwas aus den Augen verloren. Um 1840 kam es zum öffentlichen Streit um den geplanten Abriss des Rathauses, 1844 entschied man nach Bürgerprotesten, nur den Apothekenflügel abzureißen. Staatsbaurat Andreae errichtete an seiner statt einen Anbau, den »Dogenpalast«, der allgemeine Ratlosigkeit hinterließ. 1846 baute Ernst Ebeling das **Haus der Calenbergischen Landschaft** im Tudor-Stil, die heutige Börse. 1847 wurde die **Ernst-August-Stadt** eingemeindet, Laves' neues Viertel zwischen Georgstraße und Bahnhof. 1852 konnte man das **Hoftheater (Opernhaus)**, ebenfalls von Laves gebaut, an der Georgstraße feierlich eröffnen. Im Jahre 1854 stellte **Conrad Wilhelm Hase** (1818–1902), einer der bemerkenswertesten Architekten des 19. Jh. in Hannover, das »Museum für Kunst und Wissenschaft« vor, heute bekannt als **»Künstlerhaus«**. 1861 wurde das **Reiterstandbild** für Ernst August vor dem Bahnhof enthüllt. Es kam nicht durch Spenden des »treuen Volkes« zustande, wie die Inschrift glauben machen könnte, sondern durch Geld aus Hofkreisen.

Um die Mitte des Jahrhunderts hielt die **Eisenbahn** Einzug in Hannover, wenngleich etwas verspätet. König Ernst August hatte sich zunächst gegen den Zug der Zeit stemmen wollen: »Ich will nicht, dass jeder Schuster und Schneider so schnell reisen kann wie ich.« Doch es half nichts: Im Oktober 1843 wurde die erste Bahnlinie von Hannover nach Lehrte eröffnet, 1845 konnte man bereits bis Celle fahren, 1847 nach Harburg und Bremen, 1853 nach Kassel und Göttingen. 1847 wurde ein Bahnhofsgebäude errichtet – ein Durchgangsbahnhof, der erste in Deutschland.

Linden machte erstaunliche Fortschritte. In dem Dorf an der Ihme, das dem Zunftzwang der Stadt Hannover nicht unterstand, siedelten sich Industriebetriebe an. **Georg Egestorff** konnte das 1835 gegründete väterliche chemische Werk durch eine Maschinenfabrik ergänzen, die mit großem Erfolg Lokomotiven baute. Das Unternehmen, das später den Namen »Hanomag« tragen sollte, beschäftigte 1856 etwa 660 Arbeiter. 1853 kam die Hannoversche Baumwollspinnerei und -weberei mit rund 1100 Beschäftigten hinzu. Massenquartiere für die Arbeiter wurden aus dem Boden gestampft. Zählte man in Linden 1865 10.000 Einwohner, waren es 1875 bereits 20.000. 1884 erhielt Linden ein Rathaus, 1885 das Stadtrecht, 1889 sogar ein eigenes Wappen. Im Grunde wollte Linden zu Hannover, aber Hannover wollte das proletarisch geprägte »rote Linden« nicht.

Hatte der Bau der Eisenbahn die industrielle Entwicklung angekurbelt, so brach nach der Annektierung durch Preußen, vor allem aber in den Gründerjahren nach dem deutsch-französischen Krieg 1870/71, eine stürmische industrielle Entwicklung aus. Sie ließ Hannover zu einem bedeutenden Industrie-Standort mit den Schwerpunkten metallverarbeitende Industrie/Maschinenbau und Textilindustrie werden. Die damals gegründeten Unternehmen existieren z.T. noch heute:

- → 1835: Egestorffsche Maschinenfabrik (später »Hanomag«)
- → 1842: Farbenfabrik Carl Hornemann (später Pelikan-Werke Günther Wagner)
- → 1852: Brauerei Brande und Meyer (später Lindener Aktienbrauerei, geschlossen 1976)
- → 1853: Schokoladenfabrik Bernhard Sprengel; Hannoversche Baumwollspinnerei und -weberei
- → 1862: Gummifabrik Excelsior
- → 1868: Döhrener Wollwäscherei
- → 1871: Continental Caoutchouc- und Gutta-Percha Compagnie (später Continental-Gummiwerke)
- → 1873: Hannoversche Portland-Zementfabrik
- → 1884: Westinghouse Bremsen
- → 1889: Keksfabrik Hermann Bahlsen
- → 1898: Deutsche Grammophon-Gesellschaft der Brüder Berliner; Hannoversche Waggonfabrik (HAWA).

Infolge der Industrieansiedlungen wuchs die **Einwohnerzahl** Hannovers sprunghaft. 1873 überstieg die Zahl erstmals 100.000, so dass Hannover amtlich Großstadt war. Im Jahre 1885 lebten in Hannover 139.700 Einwohner, 1890 zählte man in der **»Königlichen Haupt- und Residenzstadt«** bereits 163.600 Bewohner, zehn Jahre später 235.650 Einwohner, 1910 rund 302.400 Einwohner. Eine weitere Ursache des starken Anstieges waren die **Eingemeindungen**: 1870 Glocksee und Ohe, 1891 die Dörfer Hainholz, Herrenhausen, List und Vahrenwald. Im Jahre 1907 wurden eingemeindet: Stöcken, Groß- und Klein-Buchholz, Bothfeld, Lahe, Kirchrode, Döhren, Wülfel und der Gutsbezirk Mecklenheide, die größte Eingemeindung mit über 22.000 Einwohnern. 1911 und 1913 kamen weitere Eingemeindungen hinzu. Mit **Linden** kam Hannover immer noch nicht ins Reine. Die junge Stadt gemeindete 1909 und 1913 einige Dörfer ein, so dass die Einwohnerzahl auf über 86.000 stieg. Der Magistrat von Hannover fürchtete die Lindener Arbeiterschaft, die bei den Reichstagswahlen zu über 70 Prozent für die Sozialdemokraten stimmte.

Hannover, das längst über seine Mauern getreten war, brauchte Raum für seine Entwicklung. 1859 wurde das Steintor abgerissen, 1860 fielen das Aegidientor und das Clevertor. Um den Zugang zu den nördlichen Vorstädten (u.a. List) nicht länger zu behin-

Wie Hannover zu seinen Bahnlinien kam

Als Hannover eine Bahnlinie nach Hamburg plante, sah sich die Hansestadt Bremen gegen ihre alte Konkurrentin benachteiligt. So schickte man Senator Arnold Duckwitz nach Hannover, um in zäher Lobbyarbeit die zuständigen Stellen zu einer völlig neuen Planung zu überreden – mit Erfolg.

»Es kamen Nachrichten aus Hannover, nach welchen nicht bezweifelt werden konnte, daß Regierung und Stände beabsichtigten, eine Eisenbahn von Hannover nach Harburg zu bauen, und die Bahnverbindung mit Bremen auf sich beruhen zu lassen. Der Senat beschloß daher eines seiner Mitglieder nach Hannover zu entsenden, und zu versuchen, die Meinung über die Bremer Bahn wieder empor zu bringen. (...)

Ich kann nicht leugnen, daß mir etwas unheimlich zu Muthe war bei dem Gedanken, jetzt mit dem gefürchteten Cabinetsminister von Schele conferiren zu sollen. Ich wurde sogleich in sein Privatcabinet geführt, und fand einen kleinen, bejahrten, schlichten Mann, der mich freundlich empfing. Er interessirte sich für Alles außerordentlich, breitete dann auf einem Tische Landkarten des Königreiches aus, auf welchen ich ihm zeigte, wie nach meiner Ansicht die Richtungen der hannoverschen Eisenbahnen hätten bestimmt werden müssen, nämlich von Hannover über Nienburg nach Osnabrück und weiter über Münster nach Cöln, von Nienburg über Verden nach Bremen und von Verden über Walsrode nach Harburg und von Walsrode nach Hannover.

Der alte Herr war von dieser Idee ganz überrascht, rieb sich die Stirn und sagte sehr verdrießlich, die Sache sei schon verpudelt, man habe sich leider durch einen Vertrag anders gebunden. (...) Der Minister äußerte nun ferner, daß er doch sehr bezweifle für den Antrag einer Bremischen Bahn die Majorität zu gewinnen, worauf ich erwähnte, daß man auch auf die Opposition einwirken müsse. Ich bemerkte ihm dann, daß es mir nicht zustehe mich weiter einzumischen, daß aber, wenn der Herr Minister es wünsche, ich versuchen wolle, einige Herren der Opposition für die Idee zu gewinnen. ›Thun Sie das, thun Sie das, ich bitte sehr darum, und theilen Sie mir das Resultat mit‹.

➢ Ansicht des Bahnhofs vor dem Ersten Weltkrieg

Ich begab mich sofort zu meinem guten Freund, (...) der (mich) bat, (...) an einer Parteiversammlung der Opposition Theil zu nehmen, in welcher die Eisenbahnfrage berathen werden solle. Ich fand lauter Herren versammelt, die ich bereits besucht hatte, gewahrte auch, daß meine Besuche nicht unfruchtbar gewesen waren. Alle hielten dafür, daß der fragliche Antrag entweder von dieser Seite gestellt oder unterstützt werden müsse. Mehrere Herren wünschten zu ihren Reden in der Kammer statistisches Material, womit ich aushelfen konnte, und das um so lieber that, als Zahlen immer einen großen Eindruck machen, und zwar oft am meisten auf diejenigen, welche sie nicht verstehen.«

dern, mussten in den 60er Jahren die Bahngleise auf einen Damm verlegt werden, was den Bau von 22 Unterführungen nach sich zog. Am Bahnhofsplatz eröffneten in der Folgezeit viele Hotelbetriebe.
Im letzten Drittel des 19. Jh. steigerte sich das rasche Wachstum zu einer stürmischen Bautätigkeit:

- 1879: Bau des neuen **Bahnhofs**; Errichtung des Welfenschlosses, an des Königs statt zog die Technische Hochschule ein. Bereits drei Jahre zuvor war dort das »Sachsenross« aufgestellt worden, das die Welfen 1361 als Wappentier eingeführt hatten – im Irrglauben, es handele sich um das althergebrachte Zeichen der Sachsen. 1895 Erweiterung des Schlosses um den Westflügel
- 1880: Bauunternehmer Ferdinand Wallbrecht verwirklichte Laves' Plan einer breiten Achse durch die Altstadt: Zahlreiche Altstadthäuser wurden zugunsten des Durchbruchs der Karmarschstraße als Verlängerung der Bahnhofstraße abgerissen.
- 1889: Bau des **Kestner-Museums**
- 1891: Erweiterung des alten Rathauses durch einen weiteren Flügel (nach dem Durchbruch der Karmarschstraße)
- 1892: Errichtung der Markthalle
- 1896–98: Wasserkunst an der Leine.

Die Aufzählung dieser Reihe von Bauten könnte über die Härte des Alltagslebens in Hannover hinwegtäuschen. Seit Jahrzehnten hatte ein sozialer Austausch der Bevölkerung stattgefunden: Wohlhabende Bürger verließen die enge Altstadt und bauten sich Villen und Sommerhäuser in der Nähe Herrenhausens und in den Gartensiedlungen, die sich einst vor dem Steintor und dem Aegidientor gebildet hatten. In der Altstadt blieben ärmere soziale Schichten zurück. Armut und Verelendung traten als Folgen der überstürzten Industrialisierung offen zutage.

Vor dem Ersten Weltkrieg

Bereits vor der Jahrhundertwende hatte ein Mann von sich reden gemacht, der mit Gleitfliegern über dem Boden zu schweben versuchte. **Karl Jatho** (1873–1933) war sein Name, der Herkunft nach war er Beamter mit dem Steckenpferd des Hochrad-Kunstfahrens. Am 18. August 1903 – vier Monate vor den Brüdern Wright – startete er auf der Vahrenwalder Heide zu seinem **ersten Motorflug.** Flughöhe: 1 Meter. Jatho kam 18 Meter weit. Mit seiner Hilfe wurde 1907 auf der Vahrenwalder Heide das erste Flugfeld angelegt. Jatho veranstaltete Rundflüge über Hannover, gründete die erste deutsche Fliegerschule und die Hannoverschen Flugzeugwerke. Doch seine Pionierleistung wurde international nicht anerkannt.
In die Jahre vor dem Ersten Weltkrieg fallen mehrere große Bauvor-

haben, die bis heute das Stadtbild Hannovers prägen:
1901 bis 1909 baute Hannover das prachtvolle **Rathaus** im historisierenden Stil im Süden der Altstadt, das recht genau auf dem Boden der ehemaligen Wallanlagen steht. 1913 waren alle Innenarbeiten abgeschlossen. Im Süden war bereits 1902 ein Park geschaffen worden. Der Provinzialverband errichtete östlich des Rathauses 1901 ein **»Provinzialmuseum«**, heute bekannt als Niedersächsisches Landesmuseum.
1906 wurde an der Großen Bult die **Rennbahn** angelegt. Die Stadt, ohnehin seit 1875 Austragungsort des Großen Preises von Hannover, gilt seither als Hochburg der Reiterei in Norddeutschland. In unmittelbarer Nachbarschaft wurde 1914 die **Stadthalle** für große Konzerte und Ausstellungen errichtet, ein schlichter Kuppelbau ohne jede historisierende Ausschmückung.
Bereits seit Jahrzehnten machte man sich in Deutschland Gedanken über eine Kanalverbindung zwischen Rhein und Elbe. 1906 begannen im Raum Hannover die Bauarbeiten für den **Mittellandkanal**. Nach 1914 grub man einen Stichkanal bis Linden, der Lindener Hafen wurde ausgebaut.
Weitere nennenswerte Bauten sind einige Verwaltungsgebäude, mit denen der preußische Staat Zeichen seiner Macht setzte, z.B. mit dem Polizeipräsidium 1903, der Oberzolldirektion 1910 und der Oberpostdirektion 1911.

Die Weimarer Zeit

In der Nacht zum 7. November 1918 erreichte die Revolution Hannover. Auslösendes Moment war der Übereifer eines Hauptmanns der Bahnhofswache, der die Urlaubspässe durchreisender Matrosen aus den norddeutschen Häfen nicht akzeptierte, so dass innerhalb von Stunden sich an die tausend Matrosen sammelten, die die Militärgefangenen befreiten und durch die Innenstadt zogen. Der Mann der Stunde war **Robert Leinert**, Mitglied des Arbeiter-

➤ Das 1927/28 erbaute Anzeigerhochhaus von Fritz Höger, dem Architekten des Hamburger Chilehauses

Der Mittellandkanal

Der 320 Kilometer lange Mittellandkanal (MLK) zweigt bei Bergeshövede bei Rheine vom Dortmund-Ems-Kanal ab und endet bei Magdeburg an der Elbe. Als zentraler Teil der einzigen West-Ost-Wasserstraße Norddeutschlands verbindet er die Stromgebiete von Rhein, Ems, Weser und Elbe und ist über weitere Kanäle mit Berlin und dem osteuropäischen Wasserstraßennetz verbunden. Einfacher gesagt: Der MLK verbindet das Ruhrgebiet mit Berlin und Osteuropa.

Im Jahre 1906 begonnen, konnte das erste, 102 Kilometer lange westliche Teilstück bis Minden 1915, die 55 Kilometer lange Strecke bis Hannover 1916 eröffnet werden. 1928 wurde Peine erreicht, 1932 Braunschweig. Im Jahre 1938 war der MLK mit dem Bau des Schiffshebewerkes Rothensee bei Magdeburg komplett. Stichkanäle schlossen Osnabrück, Hannover-Linden, Hannover-Misburg, Hildesheim und Salzgitter an.

Bereits 1911–14 war das Wasserkreuz bei Minden fertiggestellt worden, dessen Bauten den MLK über die Weser leiten. Die (1998 erweiterte) 398 Meter lange Kanalbrücke mit einem Kanaltrog von 42 Metern Breite und vier Metern Tiefe ist das größte Brückenbauwerk der Binnenschifffahrt in Europa. Durch die beiden Verbindungskanäle Nord und Süd, die neben dieser Brücke verlaufen, sind MLK und Weser miteinander verbunden: Schiffe können also von der Weser in den MLK einfahren – und umgekehrt.

Ein bedeutender Vorteil des MLK ist seine fast schleusenlose Streckenführung. Nach der Schleuse Münster am Dortmund-Ems-Kanal treffen Schiffsführer erst nach 211 Kilometern Strecke bei Anderten auf die nächste Schleuse, die sogenannte Hindenburg-Schleuse bei Hannover, die die Wasserspiegelhöhe von 50,30 Meter über Normalnull auf 65,00 Meter anhebt. Die Schleuse bei Sülfeld senkt die Wasserspiegelhöhe wieder auf 56,00 Meter ab. Von dort bleibt die Wasserspiegelhöhe bis zur Elbe konstant.

Der MLK war für 1000-Tonnen-Schiffe ausgelegt, für die Strecke westlich von Hannover sogar nur für 600-Tonnen-Schiffe. Für die heutige Schifffahrt mit ihrem Trend zu größeren Schiffseinheiten war der MLK also zu klein. Bereits 1965 wurde daher der Ausbau beschlossen: Regelfahrzeug sollte das »Europa-Schiff« sein, das 1350 Tonnen trägt, 85 Meter lang und 9,50 Meter breit ist und einen Tiefgang von 2,50 Metern hat. 1994 wurde jedoch ein größerer Kanalquerschnitt festgelegt, der auch größere Einheiten zulässt: Schubverbände von 185 Metern Länge

➣ Bei Minden überquert der Mittellandkanal die Weser – eine technische Meisterleistung

und 3500 Tonnen Tragfähigkeit sowie das »Großmotorgüterschiff« mit bis zu 110 Metern Länge und einer Tragfähigkeit von 2100 Tonnen. Für beide Regelschiffe gilt ein Tiefgang von 2,80 Metern und eine Breite von 11,40 Metern.

Aufgrund der eminenten Bedeutung des MLK für das Zusammenwachsen der alten und der neuen Bundesländer wurde der Ausbau sehr forciert. Er ist zur Zeit in vollem Gange. Heikelster Punkt war die Erweiterung der Kanalbrücke bei Minden; größtes Projekt wird der Bau einer neuen Wasserstraßenbrücke bei Magdeburg sein, die im Jahre 2002 fertiggestellt sein soll. Etwa 210 Düker, Durchlässe, Straßen- und Wegeunterführungen sowie 250 Kreuzungen mit Ver- oder Entsorgungsleitungen müssen erneuert, umgebaut oder beseitigt werden. Drei Kanalbrücken über Weser und Leine werden neu gebaut bzw. angepasst. 350 Straßen- und Eisenbahnbrücken müssen erneuert werden. Der Ausbau des MLK, der in seiner westlichen Strecke bis zur Einmündung des Elbe-Seiten-Kanals (westlich von Wolfsburg) fast abgeschlossen ist, wird von der Wasser- und Schiffahrtsdirektion Mitte mit Sitz in Hannover geleitet und überwacht.

Der MLK war ursprünglich für ein Transportvolumen von neun Millionen Tonnen ausgelegt. Im Jahre 1996 lag der Transport bei 18,8 Millionen Tonnen. Aufgrund seiner zentralen Verkehrslage wird mit einer erheblichen Steigerung des Transportaufkommens gerechnet.

und Soldatenrats, der besonnen reagierte und Übergriffe verhindern konnte. Leinert wurde am 13. November 1918 zum Oberbürgermeister gewählt. Bei den Wahlen im Januar 1919 errang die SPD die absolute Mehrheit. Obwohl ein Jahr später die Arbeiterstadt Linden nach Hannover eingemeindet wurde, konnte die SPD im hannoverschen Bürgervorsteherkollegium aber nur 43 von 96 Sitzen erringen.
Wohnungsnot und Arbeitslosigkeit, Elend und Kriminalität beherrschten die Jahre nach dem Ersten Weltkrieg. Keiner hat die Atmosphäre im Nachkriegs-Hannover so gut beschrieben wie Theodor Lessing: »Die Stadt beherbergte um 1918 etwa 450.000 Menschen. Knapp vier Eisenbahnstunden von Berlin, Deutschlands großem Wasserkopf entfernt, knapp acht Stunden von Köln (...), war Hannover der günstigste Mittelpunkt für das Tausch-, Schieber- und Transaktions-Geschäft, welches Tausende ernährte. Alle Welt lebte von Spekulation. Da Geld nichts mehr galt und nur Sachwerte das Leben fristen konnten, so wurde aufgekauft, getauscht und gestohlen wie nie zuvor.« (Theodor Lessing: Haarmann. Die Geschichte eines Werwolfs. München 1973.)
Die Folgen des Kapp-Putsches 1920 in Berlin, Streiks, Demonstrationen und bewaffnete Auseinandersetzungen kennzeichneten auch in Hannover die nachrevolutionäre Lage. Das Krisenjahr 1923 war für Hannover aufgrund der Hyperinflation die wohl schlimmste Zeit nach dem Krieg. Im Januar 1923 kostete ein Liter Milch 188 Mark, im Oktober 2,24 Milliarden Mark! Im August 1923 wurden Lebensmittelgeschäfte geplündert, Unruhen brachen aus, die drei Tage anhielten: Fünf Menschen kamen dabei ums Leben. Ende November 1923 wurde die Rentenmark eingeführt. Im Mai 1924 erreichte die SPD bei den Kommunalwahlen nur knapp 30 Prozent der Stimmen, die bürgerliche Mitte – vor allem die Parteien DVP und DNVP, zusammengefasst im »Ordnungsblock« – hatte dagegen zugelegt und konnte durch geschickte Bündnisse ihren Einfluss vergrößern. Zu Beginn des Jahres 1925 musste Leinert, dem das Chaos der Nachkriegszeit angelastet wurde, seinen Hut nehmen. Nachfolger wurde Arthur Menge, ein Vertreter der bürgerlichen Mitte.
In der ersten Hälfte der 20er Jahre kam es zu einem aufsehenerregenden Skandal: In der Altstadt hatte der Kleiderhöker **Haarmann** mindestens 22 Menschen auf bestialische Weise umgebracht, meist junge Männer – und das, obwohl gegen den Polizeispitzel zahlreiche Hinweise aus der Bevölkerung vorlagen. Nach einem Prozess, der auch der Verschleierung der polizeilichen Fehler diente, wurde Haarmann 1925 durch das Fallbeil hingerichtet.
Die Jahre 1924 bis 1928 brachten für Hannover einen geringen Wirtschaftsaufschwung. Die »Hanomag« baute Deutschlands kleins-

ten und mit 2000 bis 2300 Reichsmark preiswertesten PKW mit zehn Pferdestärken, der bald den Spitznamen »Kommißbrot« erhielt, und der Volksmund spottete: »Ein Kilo Blech, zwei Kilo Lack, und fertig ist der Hanomag!« »Conti« brachte seinen »Bunareifen« mit einer Laufleistung von 30.000 Kilometern auf den Markt. Fritz Höger baute 1928 an der Goseriede das Anzeigerhochhaus, einen expressionistischen Kuppelbau, der bis heute seine Faszination nicht eingebüßt hat.

In den 20er Jahren änderte sich vor allem Hannovers Infrastruktur. Ein provisorischer Flughafen auf der Vahrenwalder Heide, der im November 1923 eröffnet werden konnte, wurde 1928 zum Verkehrsflughafen ausgebaut. Im selben Jahr wurde die **Hindenburgschleuse** am Mittellandkanal, die größte Binnenschleuse Europas, eröffnet.

Infolge der Eingemeindung Lindens im Jahre 1920 war Hannover neuntgrößte Stadt im Deutschen Reich geworden. Als am 29. Oktober 1929 der Kurssturz an der New Yorker Börse eine **Weltwirtschaftskrise** auslöste, bekamen die knapp 440.000 Einwohner Hannovers die Folgen unmittelbar zu spüren. Zahlreiche Betriebe mussten schließen, darunter die Lindener Stahlwerke - der Konkurs der »Hanomag« konnte allerdings in letzter Minute verhindert werden. Bemerkenswerterweise kamen »Conti«, die »Döhrener Wolle« und die Keksfabrik Bahlsen gut über die Runden. Die Krise - auf ihrem Höhepunkt war ein Drittel der Erwerbstätigen arbeitslos - verhalf den Nationalsozialisten (NSDAP) 1930 zum Durchbruch. Bei den Reichstagswahlen im Juli 1932 errang die NSDAP in Hannover 40,2 Prozent der Stimmen (SPD 36,8 Prozent; KPD 9,4 Prozent), im November 1932 dagegen nur 34,9 Prozent (SPD 33,9 Prozent; KPD 12,9 Prozent).

Nationalsozialismus und Zweiter Weltkrieg

Als 1925 Paul von Hindenburg, die lebende Legende aus der hannoverschen Seelhorststraße, im Alter von 77 Jahren zum Reichspräsidenten gewählt wurde, kommentierte der an der TH in Hannover lehrende Publizist und Kulturphilosoph Theodor Lessing die Wahl in einer Prager Zeitung: »Besser ein Zero als ein Nero«. Daraufhin begann gegen den Juden und Sozialisten Lessing eine Hetzkampagne, die vor allem von Studenten organisiert wurde. 1926 sah sich Lessing genötigt, auf Vorlesungen zu verzichten. Nach der Ernennung Hitlers zum Reichskanzler war Lessing akut gefährdet, er verließ mit seiner Familie im März 1933 die Stadt und ließ sich in Marienbad (Tschechoslowakei) nieder. In der Nacht zum 31. August 1933 wurde er von zwei Sudetendeutschen erschossen. Der große Kritiker der Weimarer Zeit wurde so eines der ersten Opfer der Nationalsozialisten.

Der Fall Fritz Haarmann oder: »Warte, warte nur ein Weilchen ...«

Der Fall Haarmann war der Skandal im Hannover zwischen den Weltkriegen. Im Mai und Juni 1924 wurden in der Leine zwei menschliche Schädel entdeckt, die mit scharfen Messern vom Rumpf abgetrennt worden waren. Als kurz darauf Knochen aus dem Fluss gefischt wurden, reagierte die Bevölkerung mit Hysterie und Panik: Ein Massenmörder war unter ihnen. Am 5. Juli 1924 wurde die Leine aufgestaut, Polizisten und Freiwillige sammelten im Flussbett über 500 menschliche Knochenteile. Da die Gerichtsmediziner 22 rechte Oberschenkel fanden, hatte man es mit mindestens 22 Opfern zu tun – ausnahmslos jungen Männern zwischen 15 und 20 Jahren. Hätte »Kommissar Zufall« nicht auch hier eine entscheidende Rolle gespielt, die Polizei hätte den Massenmörder Haarmann vielleicht erst viel später verhaftet. Eine verzweifelte Mutter entdeckte an einem Jungen, der wegen eines Streitfalles auf die Revierwache gebracht worden war, die vertraute Jacke ihres verschwundenen Sohnes. Der hatte sie von einem Kleiderhöker (und Polizeispitzel) geschenkt bekommen – Fritz Haarmann.

Was den Fall Haarmann zum Polizeiskandal erster Güte machte, war die Tatsache, dass in der dichtbevölkerten Altstadt zwischen Marktkirche und Calenberger Neustadt ein der Polizei bekannter Mann mindestens 22 Menschen umbringen konnte, und zwar alle in seinen winzigen Behausungen. Dabei war Haarmann der Polizei seit Jahren sogar in mehrfacher Hinsicht bekannt – nicht nur als Spitzel im Homosexuellenmilieu, sondern auch aufgrund von zahlreichen Hinweisen aus der Bevölkerung, dass Haarmann etwas mit den verschwundenen Jugendlichen zu tun habe. Die Polizei wusste, dass auffallend viele Spuren vermisster junger Männer sich im Umfeld von Haarmann

➢ Leinearm in »Klein-Venedig«, nach dem Ersten Weltkrieg das Viertel der armen Leute und kleinen Ganoven

verloren. Doch die Behörden unternahmen nichts.

Fritz Haarmann wurde 1879 in Hannover als Sohn eines tyrannischen, alkoholabhängigen Lokomotivheizers und einer Zigarrenmacherin geboren. Im Alter von 16 Jahren entließ man ihn wegen Epilepsie von der Unteroffiziersschule, mit 17 stand er wegen Sittlichkeitsdelikten an Kindern vor Gericht. In der Pflegeanstalt Hildesheim stellte man bei ihm »angeborenen Schwachsinn« fest. Er wurde in die Irrenanstalt Langenhagen eingeliefert, konnte aber entweichen. 1899 war er wieder in Hannover, ohne dass jemand von seiner Vergangenheit ahnte. Im Jahre 1900 wurde er einberufen, zwei Jahre später aber wegen Anfällen von Geistesgestörtheit entlassen. Bis zum Ende des Ersten Weltkriegs saß er mehrfach wegen Betrügereien und Körperverletzung ein. 1918 wurde gegen ihn wegen des Verschwindens zweier junger Männer ermittelt, die oft mit ihm gesehen worden waren. Doch Haarmann, dem tatsächlichen Mörder, konnte nichts nachgewiesen werden. In jener Zeit lernte er den 21 Jahre jüngeren Hans Grans kennen, einen Hehler, Ganoven und Zuhälter, als dessen Geliebten und »Pflegevater« er sich sah. Ab Dezember 1920 handelten beide mit Altkleidern. Haarmann bewohnte damals ein Parterrezimmer in der Neuen Straße 8, wo er zahlreiche junge Männer umbrachte: Beim Geschlechtsverkehr biss er ihnen die Kehle durch.

➣ Fritz Haarmann

Haarmann und sein Freund Grans verstanden es meisterhaft, sich mit dem Anschein bürgerlicher Wohlanständigkeit zu umgeben. In seinem Gehrock mit Pelzkragen, mit seinem Filzhut und Spazierstock mochte Haarmann auf den ersten Blick sogar das Gerücht bestätigen, ein Kriminalbeamter zu sein. Einen Polizeiausweis hatte er jedenfalls. Auf die von zu Hause weggelaufenen, obdachlosen und verwahrlosten Jugendlichen, die nachts die Wartesäle des Hauptbahnhofs bevölkerten, machte Haarmann als »Herr Kriminal« jedenfalls einen recht offiziellen Eindruck, dem er durch Drohungen und Schmeicheleien geschickt nachhalf. Er versprach den Jugendlichen eine bessere Bleibe für die Nacht und am nächsten Morgen Arbeit.

➣ Polizeifotos von der Wohnung Haarmanns

Wegen eines Streits mit seiner Wirtin musste Haarmann sein Zimmer in der Neuen Straße 8 verlassen. Das Haus, das einst auf der Leine-Insel stand, existiert nicht mehr, das ganze Viertel, das wegen seiner engen Gassen und Wasserläufe »Klein-Venedig« genannt wurde, ist im Zweiten Weltkrieg untergegangen. Haarmann zog in die Rote Reihe 4 gegenüber der Neustädter Kirche - durch Vermittlung einer Frau Engel, die er als Putzfrau bei der Kriminalpolizei kannte. Die Familie betrieb im Parterre ein Restaurant, Haarmann zog in die Dachkammer und versorgte die Gaststätte fortan mit preiswertem Pferdefleisch. Es konnte nie geklärt werden, ob Haarmann das Fleisch tatsächlich von einem »Schlachter-Karl« aus Ronnenberg gekauft hatte, wie er gegenüber der Polizei versicherte: Jener Karl blieb unauffindbar.

Die Behörden wollten sich des Falles Haarmann schnell entledigen und trieben den Prozess mit großer Eile voran. Mit gutem Grund: Die Bewohner Hannovers waren entsetzt und empört. Wütende Bürger zogen durch die Altstadt und warfen den Bewohnern in der Nachbarschaft Haarmanns die Scheiben ein. Mieter der beiden Wohnhäuser Haarmanns wurden attackiert, es kam zu Straßenkämpfen mit der Polizei. Von den städtischen Beamten wollte niemand etwas mit dem Massenmörder zu tun gehabt haben. Haarmanns Gewerbeschein zum Kleiderhandel? Niemand wollte das Papier ausgestellt haben.

Um ein schriftliches Geständnis zu bekommen, setzten die Ermittler Haarmann mit psychischer Folter unter Druck: In seiner Zelle sollen in jeder Ecke Schädel (»Lichtköppe«) aufgestellt gewesen sein, in denen Kerzen brannten. Vom 3. bis 18.12.1924 dauerte der Prozess, dann wurde das Todesurteil ausgesprochen. In dieser Zeit schrieb der Literat Theodor Lessing aufsehenerregende Gerichtsreportagen, die so gut trafen, dass man ihn von der Teilnahme am

Prozess ausschloss. Lessing forderte ein öffentliches Bekenntnis zur Mitschuld an den Morden. Haarmann sei kein isolierter Einzelfall, die Gesellschaft habe ihm Freiraum für seine Morde verschafft. Mag sein, dass Lessing mit seiner Forderung nach öffentlichen Bußtagen zu weit ging, aber hatte die Polizei nicht aus Bequemlichkeit und Eigennutz sämtliche Gerüchte und Hinweise auf Haarmann unterdrückt, um den wertvollen Spitzel zu halten?

Haarmann wurde am 15. April 1925 auf dem Hof des (inzwischen abgerissenen) Untersuchungsgefängnisses am Raschplatz neben dem Hauptbahnhof durch das Fallbeil hingerichtet. Seine letzten Worte waren unfreiwillig komisch: »Auf Wiedersehen, meine Herrschaften!« Vor der Hinrichtung hatte er »Memoiren« geschrieben, die in ihrer Wirrheit tatsächlich auf Geisteskrankheit hindeuten. So wünschte er, mit den Knochen seiner Opfer beigesetzt zu werden. Ein Grab hat er nicht erhalten, sein krankes Hirn liegt, in Spiritus konserviert, in der Göttinger Pathologie. Die Überreste seiner Opfer wurden auf dem Stöckener Friedhof in einem Massengrab beigesetzt.

Die beiden Wohnstätten Haarmanns sind im Zweiten Weltkrieg zerstört worden, und die finstere Altstadt längs der Leine hat ihr Gesicht vollkommen gewandelt. Wer heute den Flohmarkt am Hohen Ufer besucht, denkt meist nicht an Fritz Haarmann, der genau dort sein Unwesen trieb, und wohl auch nicht an seine ungenannten Opfer.

Der Volksmund, der sich auch im Falle Haarmanns durch makabre Spottlust und Unerschrockenheit auszeichnete, dichtete:

»Warte, warte noch ein Weilchen,
dann kommt Haarmann auch zu dir
mit dem kleinen Hackebeilchen
und macht Dosenfleisch aus dir!«

➢ »Klein-Venedig«

Auch die Arbeiterparteien wurden attackiert und verfolgt. Schon vor der März-Wahl 1933 wurden rund 140 KPD-Funktionäre in Hannover verhaftet. Nach den Reichstagswahlen am 5. März 1933 - die NSDAP erhielt 42 Prozent der Stimmen, die SPD 31,6 Prozent, die KPD 9,3 Prozent - wurden alle Parteien außer der NSDAP aufgelöst, die Verwaltung, die Presse und die Bürgervereine gleichgeschaltet. Arthur Menge verlor im August 1937 seinen Posten als Oberbürgermeister.

Hannovers Ruf einer Stadt im Grünen wurde zwar vor dem Ersten Weltkrieg begründet, doch wichtige Erweiterungen der Anlagen fielen in die 30er Jahre. Um die ständig drohende Gefahr der Überflutung der Stadt durch die Leine einzudämmen, wurde der jahrzehntealte Plan des **Maschsees** verwirklicht. Das 2,5 Kilometer lange, bis zu 565 Meter breite Seebecken wurde nicht gegraben, sondern dem Gelände wie eine flache Wanne mit Hilfe von Dämmen »aufgesetzt«. Im Mai 1936 waren die aus einem Notprogramm finanzierten Arbeiten abgeschlossen. Nach dem Abriss der Gaststätte am Döhrener Turm erstreckte sich nun ein Grünzug von der Eilenriede bis zu den Maschsee-Anlagen. Die Lücke zwischen Eilenriede und dem Tiergarten wurde 1936 durch den **Hermann-Löns-Park** geschlossen, mit dem der Versuch einer »deutschen Landschaft« unternommen wurde. Drittes Projekt war die Wiedereröffnung des **Großen Gartens** 1937 und des **Berggartens** 1939, die von der Stadtverwaltung erworben worden waren, um den Verfall der historischen Anlagen stoppen zu können.

1937 begann die Altstadtsanierung rings um den Ballhof. Die Bewohner mussten nach Ricklingen und Mecklenheide umziehen. Das alte Fachwerk wurde kaum geschont, man riss ab und baute geräumige Wohnungen für städtische Angestellte. Weiteres Großprojekt war der Bau der Autobahn nach Berlin, die im Dezember 1938 vollendet wurde.

Die Industrie Hannovers nahm durch Staatsaufträge, vor allem Rüstungsprojekte, eine stürmische Entwicklung. Bei der »Hanomag« stieg die Zahl der Mitarbeiter von 2500 (1933) auf über 10.000 (1936). Hannovers größte Waffenschmiede stellte vor allem Feldhaubitzen, Flak-Geschütze, schwere Halbketten-Fahrzeuge und Artilleriemunition her. »Conti«, auf die Herstellung von Autoreifen aus synthetischem Kautschuk (»Buna«) spezialisiert, blieb mit 16.500 Mitarbeitern 1938 (11.000 waren es 1933) Hannovers größter Industriebetrieb. 58.340 Arbeitslose zählte man 1933, ganze 1065 waren es 1939.

Am 27. Mai 1933 demolierte ein Nazitrupp die Schaufenster von 50 Geschäften jüdischer Eigentümer. Die Ausschreitungen gegen Juden nahmen im Laufe der Jahre immer mehr zu. In der Nacht zum **10. November 1938** organisierte die SS ein **Pogrom**, die sogenannte Reichskristallnacht, in der die Synagoge in der Bergstraße in Flammen aufging und 94 Geschäfte und 27 Wohnungen jüdischer Bürger zerstört wurden. 314 Juden, von denen 190 unmittelbar aus Hannover stammten, wurden ins Konzentrationslager Buchenwald verschleppt. Nach der Pogromnacht musste die jüdische Gemeinde 26.000 Reichsmark für den Abbruch der Ruine ihrer Synagoge bezahlen.

Am **1. September 1939** begann der Zweite Weltkrieg mit dem Überfall Deutschlands auf Polen. Abgesehen von Einberufungen und Lebensmittelzuteilungen, bekam die Bevölkerung die Folgen des Krieges zunächst nicht zu spüren. Das änderte sich in der Nacht zum 19. Mai 1940, als in Misburg die ersten Bomben fielen. Ziel waren die Raffinerien, getroffen wurden Wohngebiete. Der nächste Luftangriff am 10. Februar 1942, der bisher schwerste in Deutschland, traf die Oststadt und forderte 101 Menschenleben. Während der folgenden Ruhepause, die zwei Jahre und vier Monate dauerte, wiegten sich viele Hannoveraner in der Hoffnung, die nahe Verwandtschaft der Welfen mit dem englischen Königshaus werde die Stadt vielleicht vor weiteren Angriffen bewahren. Die Zeit wurde zum Bau von 64 Luftschutzbunkern genutzt – zu Recht, wie sich bald zeigte. Der Angriff amerikanischer Bomber am 26. Juni 1943 forderte 273 Tote. Ziel waren die Industrieanlagen der »Conti« in Vahrenwald und Stöcken, doch die Bomben fie-

➢ Am Nordufer des Maschsees in den 30er Jahren

➣ Die Synagoge in der Roten Reihe in der Calenberger Neustadt

len auf die Altstadt: Leineschloss, Marktkirche, Oper, Altes Palais, Wangenheim-Palais und das Zeughaus am Waterlooplatz wurden getroffen. Den schwersten Luftangriff auf Hannover flogen die Briten in der Nacht zum **9. Oktober 1943**: 430 Flugzeuge warfen innerhalb von 40 Minuten 3000 Sprengbomben, 28.000 Phosphorbrandbomben und 230.000 Stabbrandbomben ab. Der Feuersturm in der Altstadt brachte das Mauerwerk zum Glühen, die Wettersäule in der Kröpcke-Uhr verzeichnete einen jähen Temperaturanstieg von zehn auf 34 Grad Celsius. 1245 Menschen kamen um. Insgesamt 125 Luftangriffe wurden gegen die Stadt geflogen, die von den Briten irrtümlich für die Einbürgerung Hitlers nach Deutschland 1932 verantwortlich gemacht wurde (es war in Wirklichkeit Braunschweig). Dabei waren 6782 Menschen ums Leben gekommen, über 250.000 hatten ihre Wohnung verloren. 32 Prozent der Wohnungen waren total bis schwer zerstört, 41 Prozent hatten mittlere Schäden, 20 Prozent waren leicht beschädigt. Bemerkenswerterweise haben die Luftangriffe die Produktion der Rüstungsbetriebe kaum beeinträchtigen können. – Am 10. April 1945 endete der Zweite Weltkrieg für Hannover mit dem Einmarsch der US-Truppen.

Nachkriegszeit und Wiederaufbau

Hannover zählte bei Kriegsende 217.000 Einwohner, zusätzlich etwa 54.000 ehemalige Kriegsgefangene, KZ-Häftlinge und Fremdarbeiter, für die sich schon bald die Bezeichnung »Displaced Persons« (DPs) einbürgerte. Nach ihrer Befreiung hielten sie sich an den Deutschen schadlos, wogegen selbst die Besatzungstruppen in den ersten Tagen und Wochen fast machtlos waren, wie der britische Major (und Stadtkommandant) G. H. Lamb schrieb: »Tausende zwangsverschleppter Ausländer zogen marodierend, mit Gewehren und Messern bewaffnet, durch die trümmerübersäten Straßen. Alle schienen völlig betrunken, sie plünderten, raubten, mordeten.«

Den Bewohnern standen die Probleme ohnehin bis zum Hals. Tausende Flüchtlinge aus dem Osten trafen ein. Wohnraum war äußerst knapp, man lebte in Kellern, Küchen, Lauben oder den »Nissenhütten« aus gewölbtem Wellblech. Sechs Millionen Kubikmeter Trümmer versperrten Straßen und Wege. Die ungelöste Ernährungsfrage drängte von Tag zu Tag mehr, der Schwarzmarkt blühte, es gab kaum Treibstoff für die Landwirtschaft.

Bereits kurz nach Beginn der Besatzung zeigten sich erste Verbesserungen. Im April 1945 fuhr der erste Straßenbahnwagen, im August waren alle Stadtteile an das Wasserrohrnetz angeschlossen, das Stromnetz war ebenfalls wieder intakt, Ende 1945 auch das Abwassernetz. Im November 1945 gab es bereits 100 Firmen mit mehr als 50 Beschäftigten. Die Raffinerien in Misburg arbeiteten wieder, die »Hanomag« baute Traktoren, »Conti« stellte Reifen her. Das hatte niemand erwartet.

Aber die Probleme begannen jetzt erst. Die Briten befürchteten 1945/46 sogar einen »Winterkrieg«, doch die eigentlich harte Krisenzeit begann erst im Frühjahr 1946 und dauerte zwei Jahre. Sie hatte eine ganze Reihe von Ursachen: Rohstoff- und Energieknappheit, zu geringe Transportkapazitäten, erzwungene Abschottung vom europäischen Markt. Besonders verunsichernd wirkte die Demontage von Industrieanlagen, die als Widerspruch zu den Anstrengungen der Briten empfunden wurde, mit einer »Exportmesse« 1947 der deutschen

➢ Ein hannoversches Produkt im Krieg

Wirtschaft ein Fenster zur Welt zu öffnen. Die Lebensmittelfrage war vor allem 1947 katastrophal, im April kam es zu Hungerdemonstrationen. Die Bewohner fuhren aufs Land und besorgten sich Lebensmittel, der Schwarzmarkt blühte. Die Wohnungsnot war auch 1948 noch äußerst groß, der Gesundheitszustand der meisten Bewohner war schlecht.

Nach der **Währungsreform** am 21. Juni 1948 begann – zunächst zögernd – der Wiederaufbau Hannovers. Im August 1948 wurde ein Mann als Stadtbaurat angestellt, der 27 Jahre Hannover gestalten sollte: **Rudolf Hillebrecht**. Ihm gelang das vielgelobte **»Wunder von Hannover«**. Der Begriff, von einer italienischen Zeitschrift geprägt, wurde nach einer Titelgeschichte im »Spiegel« zum geflügelten Wort.

Grundlage der Hillebrecht'schen Umgestaltung Hannovers war ein **Flächennutzungsplan**, der bereits 1951 vom Rat gebilligt wurde. Er war das erste Konzept seiner Art für eine deutsche Stadt. Nach diesem Plan wurde das Stadtgebiet in Flächen eingeteilt für Wohnbauten, Industrieunternehmen, Gewerbebetriebe und für Erholung. Auf dieser Grundlage analysierte Hillebrecht die künftigen Verkehrsströme. Er stellte fest: In Hannover kreuzte der Ost-West-Verkehr (Berlin–Ruhrgebiet) den Nord-Süd-Verkehr (Hamburg–Süddeutschland), hier kreuzten sich verschiedene Eisenbahnlinien. Die Bundesstraßen 3, 6, 65 und 217 führten durch die Innenstadt, und zwar alle über den Kröpcke, wo außerdem neun Straßenbahnlinien verkehrten.

Hannover hatte noch sein mittelalterlich geprägtes, sternförmiges **Straßensystem**. Um den Fernverkehr an der Stadt vorbeizuleiten, plante Hillebrecht ein Straßensystem, das wie ein Rad aussah. Die Radnabe war der um die Innenstadt gelegte **»Cityring«**, ein vierspuriger Straßenzug in Form eines Fünfecks, der bereits Anfang der 60er Jahre fertig war. Der Radkranz war ein System von »Tangenten«, später **»Schnellwege«** genannt, die den Fernverkehr um die Außenbezirke Hannovers leiteten. Mitte der 70er Jahre war auch dieser Ring vollen-

Zehn Jahre ist er im Ausland gewesen,
Hat nicht gesehen den Leinestrand,
Und als er zurückkam nach Hannover,
Da hat er es fast nicht wiedererkannt.

Das Durchbruchviertel, die Asphaltstraßen,
Die elektrische Bahn, ihm war alles neu,
Und der vordere Teil der Eilenriede,
Wo war die alte Wüstenei?

Ihm wurde ganz wild und fremd zumute,
Als er das sah, und er dachte dabei,
Es wäre ihm wirklich, als ob das gar nicht
Das alte gute Hannover noch sei.

Da sah er die aufgerissenen Straßen,
Den Grand und die Steine und Loch an Loch,
Und sprach: »Es ist doch mein altes Hannover;
Ich kenne es wieder: Sie buddeln noch!«

Hermann Löns (1866–1914)

➣ Weite Teile der Innenstadt wurden im Zweiten Weltkrieg zerstört: Vorne rechts die Ruine der Aegidienkirche, am oberen Bildrand das Opernhaus

det, bestehend aus Westschnellweg, Südschnellweg und dem Messeschnellweg im Osten; als nördlicher Schnellweg dient die A 2. Die Speichen des Rades waren die **Radialstraßen**, die vom Cityring stadtauswärts zu den Schnellwegen führten. Einzigartig war die umsichtige Lenkung des Verkehrs, der von der Autobahn auf den ampel- und kreuzungsfreien Schnellwegen und über ebenso ampelfreie Verkehrskreisel bis zur Innenstadt fließen konnte. Hannover, Ende der 50er Jahre die einzige Stadt der Bundesrepublik mit einem System von Stadtautobahnen, wurde zu einer Art Wallfahrtsziel von Städteplanern, Architekten und Verkehrsingenieuren aus dem In- und Ausland.

Mit missionarischem Eifer, der Kunst der psychologischen Überzeugung und wohl auch so mancher List focht Hillebrecht für die Verwirklichung des Flächennutzungsplans. »Entmischung der Bebauung« hatte er auf seine Fahnen geschrieben. Hochhäuser wollte er in der Innenstadt nicht haben, sie würden nur Verkehr erzeugen. Am Kröpcke duldete er keine großen Behörden und Geschäfte, Lavesallee und Leibnizufer waren den Landesministerien vorbehalten. Firmensitze wollte er in der Innenstadt ebenfalls nicht dulden, die sollten sich am Cityring niederlassen. So ziert bis heute eine Phalanx von Firmenpalästen den Cityring, vor allem im Westen und Norden, deren bedeutendste von den Unternehmen Preussag (1952) und Continental (1953) stammen. Mit hoher psychologischer Kunst überredete er die Grundstückseigentümer an der Karmarschstraße, der Stadt teuren

Boden kostenlos (!) zu überlassen – zugunsten einer Verbreiterung der Straße auf 33 Meter. Auf seine Initiative wurde das Kreuzkirchenviertel errichtet, dessen idyllisches Ambiente noch heute Erstaunen erregt. Mit Hingabe frönte er seinem Steckenpferd, der Straßenmöblierung mit Laternen, farblich angepassten Reklameschildern, unaufdringlichen Richtungstafeln sowie Brunnen und Plastiken. Hannovers reiche Ausstattung mit öffentlicher Kunst hat ihren Ursprung in Rudolf Hillebrecht. Alles in allem hat dieser Mann den Grundriss Hannovers geprägt wie kein anderer zuvor – vor allem durch die Anlage des Cityrings, der eine neue Innenstadt entstehen ließ, die mit den Grenzen der historisch gewachsenen Altstadt nichts mehr zu tun hat.

Hannover stand in den 50er Jahren in einem glänzenden Ansehen. Im April 1951 wurde auf dem Stadthallengelände die erste Bundesgartenschau in Deutschland eröffnet, die einmal mehr Hannovers Ruf als Stadt im Grünen unterstrich. Im Sommer 1951 folgte die Bauausstellung Constructa, auf der Hillebrecht seine Pläne für den Wiederaufbau vorstellte und das neue Kreuzkirchenviertel präsentierte. Im April 1952 wurde der neue Flughafen in Langenhagen eröffnet, die Messe machte beeindruckende Fortschritte und wurde die Nummer eins in Deutschland.

Doch es gab auch Kritik. Der Cityring trennt die Calenberger Neustadt sowie das neue Rathaus hart von der Innenstadt; beide sind für Fußgänger aus der Innenstadt unbequem zu erreichen. Den unnötigen Abriss der klassizistischen Wasserkunst, die so mancher amerikanische Tourist mit dem Leineschloss verwechselte, nahmen ihm viele Hannoveraner übel. Nicht anlasten kann man Hillebrecht die Tatsache, dass sein vielgepriesenes Verkehrssystem einer »autogerechten Stadt« früher als erwartet von den Blechlawinen überrollt wurde, nicht mehr so gut funktionierte und mit Ampeln bestückt werden musste.

Die City erhielt ein fast vollständig neues Bild, das durch Dienstleistungsfirmen geprägt wurde, vor allem durch Handel, Banken und Versicherungen. Allerdings blieben die Banken in ihrem angestammten Viertel zwischen Oper und Aegidientorplatz, auch die Hotels waren nach wie vor in der Nähe des Bahnhofs zu finden. Der Kröpcke erhielt mit Europahaus, Conti-Block und Kaufhaus Magis ein neues Gesicht. In der Grupenstraße wurde 1954 die erste Fußgängerzone Deutschlands angelegt. Zahlreiche historisch wertvolle Gebäude wurden wieder aufgebaut, u.a. Leineschloss, Markt- und Kreuzkirche, das alte Rathaus, Oper, Neustädter- und Clemenskirche. Das Bild einer historisch gewachsenen Altstadt konnte dadurch aber nicht mehr erstehen. Glücklicherweise waren in der Kramer- und Burgstraße zwölf alte Fachwerkhäuser erhalten geblieben, deren

➣ Hausfassade in der Georgstraße

kriegsbedingte Lücken Ende der 50er Jahre durch weitere Fachwerkhäuser gefüllt wurden, die andernorts abgebaut worden waren. Diese **»Traditionsinsel«** zwischen Marktkirche und Holzmarkt vermittelt einen Eindruck, wie Hannover vor dem Zweiten Weltkrieg ausgesehen haben könnte. Die Aegidienkirche blieb Ruine und wurde im Oktober 1953 zu einer Gedenkstätte für die Opfer des Zweiten Weltkriegs.

Danach wurde es etwas stiller um Hannover. Im September 1975 wurde die erste U-Bahn-Linie eröffnet, der Bau der Passerelle, der unterirdischen Geschäfts- und Fußgängerzone vom Kröpcke bis nach List, schloss sich an. Nach 1970 kam die Zeit der Straßenkunst, die heftigen Streit wegen der drei Nanas von Niki de Saint Phalle auslöste. Man blieb bei der Straßenkunst und stellte weiterhin an öffentlicher Kunst auf, was aufzustellen war. Hannover, die Großstadt im Grünen, wurde auch zu einer Stadt der öffentlichen Kunst.

Bis zum 1. Juni 2000, als die EXPO 2000 ihre Tore öffnete, hat sich in Hannover noch sehr viel getan. Die Stadt hat ihr Verkehrssystem aufgerüstet, eine S-Bahn geschaffen, die Schnellwege ausgebaut, die Straßenbahn in ein modernes Stadtbahnnetz umgewandelt. Die Welt schaut auf Hannover, ähnlich wie in den 50er Jahren. Verständlich, dass sich Hannover im Jahr 2000 wieder so selbstbewusst gibt wie in den 50er Jahren, als alle Welt an die Leine reiste, um einem Herrn Hillebrecht zuzuhören.

➢ Einer der modernsten deutschen Flughäfen: Airport Hannover

Kleine Zeittafel

Hannover

um 950 Beginn der mittelalterlichen Besiedlung.
um 1150 Erste schriftliche Erwähnung Hannovers.
1163 Erste urkundliche Erwähnung in einem Dokument, das Heinrich der Löwe »in Hanovere« ausstellte.
1189 Im Streit der Welfen mit den Staufern zerstört Heinrich VI. die Stadt.
1215 Erwähnung der Burg Lauenrode auf dem westlichen Leineufer in einer Urkunde des Grafen Konrad II. von Roden.
um 1230 Errichtung des ersten Rathauses mit Kaufhalle, Ratshaus und Hochzeitshaus.
1241 Herzog Otto das Kind erwirbt Hannover von dem Grafen Heinrich II. von Roden und bestätigt die Stadtrechte am 26. Juni.
1322 Hannover erwirbt das Münzrecht.
1371 Als Lohn für die Hilfe im Lüneburger Erbfolgekrieg (1371–88) dürfen die Bürger Hannovers die Burg Lauenrode abreißen und erhalten das Eigentumsrecht am Stadtwald Eilenriede.
1529 Hannover erhält von Herzog Erich d. Ä. das Privileg, jährlich einen Schützenhof (Schützenfest) abzuhalten.
1533 Die Reformation setzt sich »von unten« durch.
1636 Hannover wird Residenzstadt. Herzog Georg I. von Calenberg schränkt die Rechte der Stadt ein.
1637 Das ehemalige Franziskanerkloster in der Leinstraße wird abgerissen. Errichtung des herzoglichen Schlosses (»Leineschloss«).
1638 Herzog Georg I. kauft einen Wirtschaftshof in Höringehusen. Das Dorf wird bis 1679 zur Sommerresidenz mit barockem Garten Herrenhausen ausgebaut.
1657 Vollendung der Befestigungsanlagen um Alt- und Neustadt.
1676 Auf eine Einladung des Herzogs Johann Friedrich kommt Gottfried Wilhelm Leibniz als Bibliothekar und Berater des Hofs nach Hannover.

1679	Ernst August tritt die Nachfolge von Herzog Johann Friedrich an.
1692	Herzog Ernst August erlangt die Kurwürde.
1701	Kurfürstin Sophie wird vom englischen Parlament zur Nachfolgerin von Königin Anna bestimmt.
1705	Das Fürstentum Lüneburg fällt an Hannover.
1714–1837	Hannoversch-englische Personalunion. Kurfürst Georg Ludwig besteigt 1714 als Georg I. den englischen Thron.
1725–67	Regierungszeit des Bürgermeisters Christian Ulrich Grupen.
ab 1746	Anlage der Aegidienvorstadt als erste Stadterweiterung.
1757	Im Siebenjährigen Krieg besetzen französische Truppen die Stadt.
1769	Anlage eines englischen Parks westlich der Lindenallee in Herrenhausen, später »Georgengarten« genannt.
ab 1780	Die Wallanlagen werden abgetragen.
1801	Einführung der Straßenbeschilderung.
1803–13	Französische Besatzungszeit (mit Unterbrechung).
1814	Durch die Neuordnung Europas wird Hannover Hauptstadt des (vergrößerten) welfischen Königreichs Hannover.
1824	Alt- und Neustadt werden vereinigt.
1837	Ende der hannoversch-englischen Personalunion. Herzog Cumberland besteigt in Hannover als König Ernst August den Thron. Aufhebung des Staatsgrundgesetzes; Protest der »Göttinger Sieben«.
1840	Laves beginnt mit der Anlage der Ernst-August-Stadt.
1843	Eröffnung der Bahnstrecke Hannover–Lehrte.
1866	Preußen annektiert das Königreich Hannover und macht es zu einer preußischen Provinz.
1872	Inbetriebnahme einer Pferdebahn auf Schienen vom Steintor zum Döhrener Turm.
1873	Hannover hat 100.000 Einwohner und wird Großstadt.
1882	Das Fernsprechamt wird eröffnet (75 Anschlüsse).

1885 Der Gastronom Wilhelm Kröpcke pachtet das Café »Robby« zwischen Theaterplatz und Georgstraße und macht es zu einer hannoverschen Institution.

1889 Gründung einer Keksfabrik durch Hermann Bahlsen.

1890 Hannover wird »Königliche Haupt- und Residenzstadt«.

1893 Inbetriebnahme einer elektrischen Straßenbahnlinie vom Königsworther Platz nach Herrenhausen.

1913 Kaiser Wilhelm II. weiht das neue Rathaus ein.

1925 Fritz Haarmann wird wegen 22fachen Mordes hingerichtet.

1934–36 Anlage des Maschsees.

1943 Fünf schwere Bombenangriffe treffen die Stadt, der schwerste am 8./9. Oktober. Die Innenstadt wird zu 90 Prozent zerstört.

1946 Hannover wird am 23. August Hauptstadt Niedersachsens.

1947 Die erste Export-Messe («Fischbrötchenmesse«) findet auf dem Gelände der Leichtmetallwerke in Laatzen statt.

1952 Eröffnung des Flughafens Hannover-Langenhagen.

1974 Das Stadtgebiet von Hannover wird durch Eingemeindungen etwa um die Hälfte vergrößert.

1981 Erster »Schorsenbummel« auf der Georgstraße.

1990 Hannover erhält den Zuschlag für die EXPO 2000.

1991 750. Jahrestag Hannovers.

1992 Eröffnung des vom Schweizer Architekten Claude Paillard erbauten Schauspielhauses.

1996 Neubau der Halle 26 auf dem Messegelände.

1998 Neubau der Halle 13: größte freitragende Halle der Welt.

1998 Wiedereröffnung des Niedersächsischen Landesmuseums nach großem Umbau.

1998 Eröffnung des EXPO-Cafés am Kröpcke.

2000 1. Juni – 31. Oktober: EXPO 2000 in Hannover.

2000 Niki de Saint Phalle wird erste Ehrenbürgerin der Stadt.

2001 Schaffung der Region Hannover.

2007 Sea Life Hannover öffnet seine Pforten.

2009 Eröffnung der neuen Etz Chaim-Synagoge in Leinhausen.

Die Künste

Zahlreiche Dichter, Schriftsteller und Essayisten lebten in Hannover, doch nur zweimal verdichteten sich die Kontakte, die hochfahrenden Pläne, die schlummernden Projekte, die Anziehungskraft der Zeitschriften und die sich gegenseitig beflügelnden literarischen Werke zu dem, was man gemeinhin literarisches Leben nennt. Herzogin Sophie, die spätere Kurfürstin, scharte ab 1680 geistige Größen um sich, darunter den Philosophen und Mathematiker **Gottfried Wilhelm Leibniz** und den Dichter **Hortensio Mauro.** Doch war der Kreis kein literarischer Salon im eigentlichen Sinn, eher ein **»Musenhof«** an einer Residenz. Fast hundert Jahre später konnte man die »halbwegs goldenen literarischen hannoverschen Jahrzehnte 1770–1790« verzeichnen (Henning Rischbieter), in denen **Charlotte Kestner**, die von Goethe nach unglücklicher Liebe als Lotte im »Werther« verewigt wurde (sie sah es ungern), einen **literarischen Salon** führte. Sie entstammte einer der »hübschen Familien« Hannovers, die dem Hof nahestanden, und heiratete 1773 Johann Christian Kestner. Bei den Kestners verkehrten Knigge, Hölty und Boie, Brandes, Rehberg und Iffland. Keiner von ihnen blieb länger als einige Jahre, die Herrschaften waren in der Stadt an der Leine nur auf »Durchreise«. **Adolph Freiherr Knigge** veröffentlichte 1788 in Hannover die ersten beiden Bände seiner Schrift »Über den Umgang mit Menschen«, eine Art antifeudale Hilfestellung für das Bürgertum im Umgang mit dem Adel. Der »Frühlingsdichter« **Hölty**, neben Boie Mitbegründer des Dichterbundes »Göttinger Hain«, kam 1775 nach Hannover und starb ein Jahr darauf – in Boiens Armen – im Haus Leinstr. 8 an Tuberkulose. Selbst der hochvermögende Modearzt (und Literat) **Johann Georg Zimmermann**, an dem Zeitgenossen das breit angelegte literarische Werk, aber auch die guten Kontakte zur russischen Zarin Katharina der Großen schätzten, konnte nicht helfen. Höltys letzte Ruhestätte auf dem Nikolaifriedhof ist verschollen, das 1901 dort errichtete Denkmal bezeichnet nur ungefähr den Ort. **Heinrich Christian Boie**, von 1775 bis 1781 in Hannover, auch er ein Mitbegründer des »Göttinger Hains«, war eher vermittelnd tätig, er übersetzte und gab mit Dohm die beachtenswerte Zeitschrift »Deutsches Museum« heraus. **August Wilhelm Iffland**, 1759 im Leibnizhaus in der Schmiedestraße geboren, befreundet mit Karl Philipp Moritz, verließ 1777 fluchtartig das enge Hannover und

Merzgedicht 1: An Anna Blume

Wer bist du, ungezähltes Frauenzimmer? Du bist - - bist du?
- Die Leute sagen, du wärest. - laß sie sagen, sie wissen nicht,
wie der Kirchturm steht.
Du trägst den Hut auf deinen Füßen und wanderst auf die
Hände, auf den Händen wanderst du.
Hallo, deine roten Kleider, in weiße Falten zersägt.
Rot liebe ich Anna Blume, rot liebe ich dir! - Du deiner dich
dir, ich dir, du mir. - Wir?
Das gehört (beiläufig) in die kalte Glut.
Rote Blume, rote Anna Blume, wie sagen die Leute?
Preisfrage: 1. Anna Blume hat ein Vogel.
2. Anna Blume ist rot.
3. Welche Farbe hat der Vogel?
Blau ist die Farbe deines gelben Haares.
Rot ist das Girren deines grünen Vogels.
Du schlichtes Mädchen im Alltagskleid, du liebes grünes
Tier, ich liebe dir! - Du deiner dich dir, ich dir, du mir.
- Wir?
Das gehört (beiläufig) in die Glutenkiste.
Anna Blume! Anna, a-n-n-a, ich träufle deinen Namen. Dein
Name tropft wie weißes Rindertalg.
Weißt du es, Anna, weißt du es schon?
Man kann dich auch von hinten lesen und du, du Herr-
lichste von allen, du bist von hinten wie von vorne: »a-n-n-a«.
Rindertalg träufelt streicheln über meinen Rücken.
Anna Blume, du tropfes Tier, ich liebe dir!

(*Kurt Schwitters, 1920.* Das Gedicht »Anna Blume« war 1920 erstmals auf Litfaßsäulen in Hannover zu lesen und machte seinen Autor berühmt.)

begann in Mannheim und Berlin seine große Theaterkarriere; Hannover mied er zeitlebens. Am Rande des literarischen Lebens stand **Johann Anton Leisewitz**, 1752 in Hannover geboren. 1776 schrieb er das Trauerspiel »Julius von Tarent«, das der Zeit des Sturm und Drangs angehörte.
Wie es um 1770 im einfachen Volk in Hannover zuging, beschrieb sehr anschaulich **Karl Philipp Moritz** (1756–93) in seinem psychologische Roman »Anton Reiser« (1785–90 erschienen). Das umfangreiche Werk ist im Grunde ein autobiographischer Roman. Moritz stammte aus ärmsten Verhältnissen, lernte unter entwürdigenden Umständen am Lyzeum, der einzigen Lateinschule der Stadt, ging 1776 auf Wanderschaft und studierte in Erfurt und Wittenberg. Goethe schrieb über ihn die warmherzigen Worte: »Er ist wie ein jüngerer Bruder von mir.«
So lebhaft und intensiv das literarische Leben in der Aufklärung und im Sturm und Drang auch war, so spannungslos verlief die Zeit der Romantik in Hannover. Kann es verwundern, dass August Wilhelm und Friedrich Schlegel, die künftigen Theoretiker der Romantik, früh das stocknüchterne Hannover verließen und ihre Heimatstadt stets mieden? Friedrich Schlegel setzte immerhin seiner Jugendliebe Caroline Rehberg, Schwester August Wilhelm Rehbergs, in seinem Roman »Lucinde« ein Denkmal.
Auch der in Hannover gebürtige Literat **Rudolf Erich Raspe** (1737–93) darf nicht unerwähnt bleiben: Er publizierte in England 1786 eine Anzahl dick aufgetragener Erzählungen, die sich an die Lügengeschichten des in Bodenwerder lebenden Barons Hieronymus von Münchhausen anlehnten. Gottfried August Bürger übertrug sie recht frei ins Deutsche, dichtete auch einiges hinzu und schuf als Nutznießer eines der erfolgreichsten Bücher der deutschen Literaturgeschichte.
Bis weit ins Biedermeier stand es allgemein schlecht um die deutsche Literatur, so auch in Hannover. **Wilhelm Blumenhagen** (1781–1839) verfasste seichte Gelegenheitsgedichte und geschätzte Huldigungen an Könige und Adel, mit seinen Erzählungen und Gedichten war er so etwas wie ein städtischer Chronist. Den Mord an dem Bildhauer Jeremias Sutel, eines gelungenen Epitaphs wegen, machte er zum Thema des (historisch verfälschenden) Gedichts »Des Bürgers Rosen- und Dornenkrone«. Auch die Sage »Hannovers Spartaner« (siehe »Rundgang«, Aegidienkirche) geht auf ihn zurück. **Johann Peter Eckermann** lebte 1815–21 als Beamter in Hannover, hier las er Goethes Werke. Den Plan, die Nähe des Meisters in Weimar zu suchen, was letztendlich zu den »Gesprächen mit Goethe« führte, fasste er in Hannover. **Georg Harrys** brachte 1823 einen »Blitzableiter für melancholische Gewitterschauer« heraus, eine Sammlung von Anekdoten und Witzen. 1843 schrieb **Heinrich Heine**, zwischen Spätromantik

➣ Treffpunkt der Avantgarde: Café Kröpcke (links im Bild)

und Vormärz stehend, eines seiner süffisant-spöttischen Gedichte über die Leine-Stadt: »Ich kam nach Hannover um Mittagszeit, und ließ mir die Stiefel putzen«, Teil der Verssatire »Deutschland. Ein Wintermärchen«.
Johann Hermann Detmold veröffentlichte 1848/49 den Roman »Taten und Meinungen des Herrn Piepmeyer« über seine Erfahrungen als Abgeordneter der Paulskirche in Frankfurt.
Lag die Literatur auch danieder, so hatten Theater und die Musik ab 1837 eine glänzende Zeit. Hannover war wieder Residenz, Ernst August und sein Sohn Georg förderten Schauspiel, Oper und Konzert. **Franz Liszt** und **Hector Berlioz** gastierten in Hannover, **Karl Devrient** setzte ab 1838 für über drei Jahrzehnte Maßstäbe in der Schauspielkunst. Das neue Hoftheater (Opernhaus), am 1. September 1852 mit Goethes »Torquato Tasso« eröffnet, zog zahlreiche Talente an. **Clara Schumann**, **Johannes Brahms**, **Louis Spohr** und **Anton Rubinstein** wirkten in Hannover. Mit der Annektierung des Königreichs Hannover 1866 war die Hochphase mit einem Schlag vorbei: Wer Rang und Namen hatte, trat in Berlin auf.
Auch die Literatur in der zweiten Hälfte des 19. Jh. hatte wenig zu bieten. **Friedrich Spielhagen**, von Erfolg verwöhnt, beschrieb seine Zeit in Hannover (1861-63) in den »Erinnerungen aus meinem

Schokoladenkunst des Hauses Sprengel

Das Haus Sprengel steht für Schokolade und für Kunst. Doch zunächst hatte die Schokolade eindeutig den Vorrang. Im Jahre 1853 gründete Bernhard Sprengel aus Wollershausen im Südharz in der Vorstadt Hannovers, Hallerstraße 9, die Schokoladenfabrik »B. Sprengel & Co.« und eröffnete in der Georgstraße 24, Ecke Steintorstraße ein Süßwarengeschäft. Sprengel war kein Neuling in der Branche: Der Pastorensohn hatte eine solide Kaufmannslehre in Alfeld abgeschlossen, in Celle in einer Fabrik die Herstellung von Schokolade erlernt und in einer Bleiweißfabrik bei Osterode technische Erfahrungen gesammelt, ehe er 1851 in Harburg bei Hamburg eine Schokoladen- und Süßwarenfabrik gründete. Der Harburger Freihafen ermöglichte die kostengünstige Einfuhr von Kakao und ebenso die zollgünstige Ausfuhr nach Hamburg und Mecklenburg.

➣ Das Sprengel Museum in Hannover

Als der Freihafen aufgehoben wurde, ging Sprengel nach Hannover: In der Residenzstadt gab es noch keinen Schokoladenfabrikanten.

Die Zeiten waren günstig für junge Firmengründer mit Ideen und Elan. Sprengel stellte französische Chocolatiers aus Straßburg und Paris ein – Frankreich war führend in der Herstellung von Schokolade. Auf den Weltausstellungen bestellte Sprengel die modernsten Maschinen, die man damals für die Verarbeitung der Kakaobohnen und die Herstellung von Schokolade bekommen konnte. Wohl mehr instinktiv versah Bernhard Sprengel seine Waren mit dem Bienenkorb als Markenzeichen: Süß der Inhalt, dazu mit Fleiß erworben – das war die Botschaft. Allerdings hatte man damals noch keinen Begriff von der Zugkraft einer qualitätsbeständigen Marke, sondern suchte in einer unüberschaubaren Vielzahl stets abgeänderter Waren den kaufmännischen Vorteil. So stellte Sprengel 1880 die stolze Zahl von 885 Artikeln her, 1890 sogar 1352! Die beliebtesten waren die »Nordischen Brustkaramellen« und der »Sprengelsche Kräutersaft«.

Die Firma wuchs und gedieh. Beschäftigte das junge Unternehmen 1867 über 60 Mitarbeiter, wuchs die Belegschaft 1870 auf 75, 1880 auf 180 und 1886 auf 274 Angestellte. Sprengel gründete Filialen in Berlin

(1870) und Hamburg (1885). 1893 wurde »B. Sprengel & Co.« sogar Hoflieferant seiner Majestät des Kaisers und Königs - ein Titel, der nicht unbedingt Aufträge des Potsdamer Hofes nach sich zog, aber das Ansehen in der Bevölkerung ungemein steigerte. 1895 eröffnete der 70-jährige Sprengel in der Schaufelder Straße 29 eine Fabrik, die mit den modernsten Maschinenanlagen ausgerüstet war.

1902 starb der Firmengründer. Sein Sohn August Sprengel, von Maschinen und Technik mehr begeistert, als seinem Vater lieb gewesen war, baute das Unternehmen weiter aus und erwarb einen Maschinenpark, der eine weitgehend halbautomatische Produktion ermöglichte. 1907 führte er das Konchierverfahren ein, das die Herstellung einer besonders zarten, »schmelzenden« Schokolade ermöglichte. Er verkaufte die Cakes-Produktion an Bahlsen und konzentrierte sich auf Schokolade und Pralinen. Im Ersten Weltkrieg - damals beschäftigte das Unternehmen 800 Mitarbeiter - musste Sprengel kriegsbedingt auf Schokolade verzichten und auf Süßigkeiten aus Zucker umstellen. In den 20er Jahren kam die Produktion wieder rasch in Schwung, vor allem mit den bewährten Pralinen, der »India«-Mischung und »Maria Theresia«.

Mit Bernhard Sprengel, dem Enkel des Firmengründers, haben die Musen im Hause Sprengel ihren Auftritt. Musik und bildende Kunst waren die Leidenschaften des neuen Firmeninhabers, der 1936 Teilhaber seines Vaters geworden war. Er förderte die Hannoversche Kammermusikgemeinde nach Kräften, insbesondere das Schaffen junger Komponisten, und sammelte klassische Moderne, vor allem die Werke von Paul Klee und Emil Nolde, Max Beckmann und Pablo Picasso. Die großartige Sammlung ging den Weg vieler großer privater Sammlungen: 1969 schenkte er die Gemälde der Stadt Hannover, die dafür ein eigenes Museum errichten musste, das Sprengel Museum.

Sprengel war in Norddeutschland Marktführer und konnte die Preise bestimmen. Das Unternehmen wurde 1972 von dem weltgrößten Hersteller von Dauerbackwaren Nabisco (USA) übernommen, dem schwerwiegende Fehler unterliefen: Unter der altbekannten Nobelmarke wurde u. a. Kaugummi verkauft. 1979 erwarb der Kölner Schokoladenfabrikant Hans Imhoff (»Stollwerck«) das schlecht geleitete Unternehmen. Das Wagnis gelang: Sprengel konnte saniert werden, wenngleich nur mit Entlassungen. Die Edelmarke »Sprengel« blieb bis heute erhalten.

Leben«. **Hermann Löns** (1866–1914) machte von sich reden, vor allem als Reporter bei Madsacks neugegründetem »Hannoverschen Anzeiger«. Seine Glossen, von denen viele die städtische Politik ironisieren, erschienen zum Teil unter den Pseudonymen Fritz von der Leine, Ulenspeigel und Aadje Ziesenis. Ebenfalls in Hannover entstanden seine genauen Naturschilderungen und Tiergeschichten. In seinem 1910 erschienenen Roman »Der Wehrwolf« reicherte er seine konservative Zivilisationskritik allerdings mit Versatzstücken völkischer und rassistischer Ideologie an. Die Nationalsozialisten stilisierten ihn deshalb Jahrzehnte nach seinem Tod zum Wegbereiter ihrer Weltanschauung. **Gerrit Engelke** (1890–1918) schlug sich als Gebäudemaler und Lackierer durchs Leben, besuchte 1908–11 Abendkurse der Kunstgewerbeschule. Ab 1912 erschienen seine expressionistischen Gedichte (Arbeiterlieder und Großstadtrhythmen) im »Hannoverschen Courier«. Engelke starb in einem britischen Lazarett in Flandern. Kurze Zeit wirkte auch **Joachim Ringelnatz** in Hannover: Am 1. Januar 1913 trat er eine befristete Stellung beim »Roten Baron« an, dem Freiherrn Börries von Münchhausen, der in der Landschaftsstraße 2 wohnte. Ringelnatz sollte die Bibliothek und Kunstsammlung ordnen und schrieb Werbesprüche, für die er dürftig abgespeist wurde.

Die zwanziger Jahre gehören der Gruppe um den Gesamtkünstler **Kurt Schwitters** (1887–1948). In Hannover war ein günstiges Klima für einen Aufbruch in der bildenden Kunst entstanden – zum einen durch die 1889 gegründete Kestner Gesellschaft, die Front gegen den konventionellen Kunstbetrieb machte, zum anderen durch einige Mäzene, vor allem die Familien Beindorff (Pelikan-Werke), Bahlsen und Bernhard Sprengel. Schwitters hatte nach dem Studium an der Kunstgewerbeschule 1911 eine erste Ausstellung naturalistischer Bilder im Kunstverein Hannover, eine expressionistisch-kubistische Phase währte nur kurze Zeit. Bis 1918 war er als technischer Zeichner im Eisenwerk Wülfel tätig, dann folgte ein Architekturstudium an der Technischen Hochschule Hannover. 1919 schuf er das erste **MERZBild** und ließ auf den Litfaßsäulen Hannovers sein berühmtes Gedicht **»Anna Blume«** plakatieren (worauf sich sein Ruf als Bürgerschreck gründet). Durch die Erfahrung des Weltkriegs erschüttert, suchte er nach neuen sinnstiftenden Elementen, aus denen sich ein neues Gesamtweltbild bauen ließe. Symptomatisch für diese Suche ist **MERZ**. Bei Schwitters wurde alles zu MERZ, einer eigenen Wortschöpfung von »Commerz«: MERZ hieß für ihn »Beziehungen schaffen, am besten zwischen allen Dingen der Welt«. So gab er eine Zeitschrift MERZ heraus, er gab MERZMatineen, schuf MERZ-Collagen. Sein berühmtestes Werk wurde der **MERZBau**, den er 1923 in seinem Wohnhaus in der Waldhausenstraße 5 begann und bis zur Emigration 1937 weiterbaute: Über acht Räume, vom Keller bis zum Dachboden, erstreckte sich das begehbare Holz-Gips-Konstrukt, drapiert mit Spiegeln, Ölgemälden und Fundstücken. 1943 wurde der MERZBau zerstört.

Für die Hannoveraner ein Bürgerschreck und Clown, war Schwitters in Kunstkreisen hoch angesehen: Bis 1923/24 unterhielt er Kontakt zu DADA-Künstlern, u.a. Hannah Höch, Theo und Nelly van Doesburg sowie Raoul Hausmann. Er holte die Avantgarde nach Hannover, unterhielt engen Kontakt zu Herwart Waldens »Sturm«, zum Dessauer Bauhaus, mit Feininger, El Lissitzky, Kandinsky, Klee, Gropius und mit der holländischen Stijl-Gruppe. 1927 gründete er die »abstrakten hannover« mit Buchheister, Vordemberge-Gildewart u.a. sowie ein Jahr später den »ring neuer werbegestalter« mit Baumeister, Dexel und Tschichold. Nach 1929 gestaltete Schwitters die Typographie vieler Publikationen der Stadt Hannover. 1937 emigrierte er nach Norwegen, 1940 nach England, wo man ihn 17 Monate internierte. 1948 starb Schwitters, seine letzte Ruhestätte in Ambleside wurde auf den Engesohder Friedhof verlegt. Auf seinem Grabmal steht der Denkspruch: »Man kann ja nie wissen«. Das Schwitters-Archiv befindet sich in der Stadtbibliothek, eine Schwitters-Sammlung im Sprengel Museum.

Auch in der Literatur war Schwitters sehr rege. 1920 erschien sein Gedichtband »Anna Blume« im Paul Steegemann Verlag, der ab 1919 die Schriftenreihe »Die Silbergäule« publizierte, die »wichtigste DADA-Publikation der Zeit« (Rischbieter). Man traf sich im Haus des Sanitätsrats **Leo Catzenstein** oder im **»Café Kröpcke«**. **Vicki Baum** lebte 1917–23 in Hannover, **Erich Maria Remarque** arbeitete 1922 als Werbeleiter bei der Firma »Conti«. Tragende Säulen des literarischen Lebens in der Weimarer Zeit waren neben Schwitters **Johann Frerking** (1884–1971) und **Theodor Lessing** (1872–1933). Lessing begleitete das öffentliche Leben Hannovers mit kritischen Beiträgen in der Presse, vor allem über die Wahl Hindenburgs zum Reichspräsidenten

➢ Avantgardistischer Busstop von Massimo Iosa Ghini

und über den fragwürdigen Prozess gegen den Serienmörder Fritz Haarmann. Lessing, dessen Leben symptomatisch ist für die Widersprüche der Weimarer Zeit, wurde 1933 in Marienbad in der Tschechoslowakei von sudetendeutschen Nationalsozialisten ermordet.

Bereits Mitte der 20er Jahre hatte die Intensität des literarischen Lebens nachgelassen. Mit der Ermordung des kritischen Publizisten Lessing erreichte die Hetze und Verfolgung der liberalen Kultur der Weimarer Zeit einen ersten Höhepunkt. Am 10. Mai 1933 verbrannten Studenten an der Bismarcksäule auf den Maschwiesen Berge von Büchern ihnen verhasster Schriftsteller. **Gottfried Benn**, der 1935–37 in Hannover lebte und seine einsiedlerischen Abende im »Weinhaus Wolf« und im Stadthallen-Restaurant verbrachte, wurde 1938 aus der Reichsschrifttumskammer ausgeschlossen. Anfang 1937 musste **Alexander Dorner** gehen, der im Provinzialmuseum die moderne Kunst in einem vielbeachteten »Kabinett der Abstrakten« neu gezeigt hatte. Die Moderne wurde als »entartete Kunst« aus den Museen geholt, allein in Hannover 240 Werke. **Ernst Jünger**, der vor und nach dem Zweiten Weltkrieg in Kirchhorst bei Hannover lebte, galt der nationalen Rechten aufgrund seines »heroischen Nihilismus« als ein würdiger Vertreter nationalsozialistischer Ideologie. Jünger erwies sich allerdings als unabhängiger Kopf und entzog sich mit seinen Arbeiten der 30er Jahre einer eindeutigen Zuordnung. 1939 publizierte er in Hannover »Auf den Marmorklippen«. Während des Krieges diente Jünger als Offizier der Wehrmacht und wurde 1944 wegen »Wehrunwürdigkeit« entlassen.

In der Nachkriegszeit wurden zwei Zeitschriften und eine Zeitung gegründet, jede für sich wichtig, wenn auch von unterschiedlicher Bedeutung. Am 16. November 1946 erschien »Die Woche«, die sich an britischen Vorbildern orientierte. Mitglied der Redaktion war der gebürtige Hannoveraner **Rudolf Augstein**. »Die Woche« nahm es mit der Forderung nach Demokratie sehr genau und brachte die britische Besatzungsmacht schnell gegen sich auf. Im Januar 1947 kam das Ende, Augstein konnte die Zeitschrift aber unter dem Namen

»Der Spiegel« fortsetzen. Im Oktober 1952 verließ die Redaktion das Anzeigerhochhaus an der Goseriede und ging nach Hamburg. Ab August 1948 erschien erstmals der »Stern« in Hannover, eine neuartige Illustrierte unter **Henri Nannen**. Schon im Mai 1949 zog die Redaktion nach Hamburg um. 1949 gab Erich Madsack die »Hannoversche Allgemeine Zeitung« heraus, schon bald die führende Zeitung der Region.

1955 gründete der Schriftsteller **Kurt Morawietz** »die horen«. Die renommierte literarische Zeitschrift besteht bis heute. In die späten Sechziger fällt eine Schmonzette, die man dem »ehrlichen« Hannover gar nicht zutrauen würde, eher Wien oder München. Berndt W. Wessling fand 1968 den literarischen »Nachlass« seiner Tante **Julie Schrader,** publizierte die frivolen Verse, die sofort in allen Feuilletons hoch gelobt wurden. Schon bald entpuppte sich die Lyrik als Eigenprodukt eines kitschbegabten Publizisten. Schade drum, die Verse lasen sich so schön. Hannover verlangte nach hoher Literatur und bekam eine Posse.

In der Literatur hat sich seither wenig getan. Kestner-Museum und Sprengel Museum sowie die vornehme Kestner-Gesellschaft pflegen die Kunst, man fördert das Image Hannovers als erster Stadt der öffentlichen Straßenkunst. Die Theater- und Musikszene spielt auf hohem Niveau.

Vor einigen Jahren wurde bekannt, dass einer der besten amerikanischen Bluesmusiker 17 Jahre lang in Hannover gewohnt hatte, mit Klavier, Hund und Katze im 18. Stockwerk eines Hochhauses. Er hieß **Champion Jack Dupree**, und Hannover war der Ort, an dem er es am längsten ausgehalten hatte. Der genaue Grund ist nicht bekannt, vermutlich hat ihn niemand nachts bei der Musik gestört.

➣ Zeitgenössische Kunst im Sprengel Museum

Niki de Saint Phalle: »A very special feeling for Hanover«

Über nichts regen sich Zeitgenossen so gern auf wie über gute Kunst. Man kennt das vom Pariser Eiffelturm, von den Werken Pablo Picassos oder von der Granitstele vor dem Römisch-Germanischen Museum in Köln. Mit der Kunst von Niki de Saint Phalle in Hannover war es nicht anders.

Niki de Saint Palle, die eigentlich **Cathérine Marie-Agnès Fal de Saint Phalle** hieß, wurde am 29. Oktober 1930 in Neuilly-sur-Seine geboren, einem Vorort von Paris. Nach einer rebellischen Jugend schuf sie ab 1953 ihre ersten Werke. Zunächst erregte sie als Aktionskünstlerin Aufsehen. Unvergessen sind ihre Schießbilder, genannt »tirs« – große Gipsreliefs mit eingearbeiteten Farbbeuteln, auf die sie schoss. Ab 1964 gestaltete sie ihre ersten **»Nanas«** – monumentale, bunte, freche Frauenfiguren in exaltierten Posen, und immer betont weiblich. In Zusammenarbeit mit ihrem zweiten Ehemann, dem Künstler **Jean Tinguely**, schuf sie 1966 in einem Stockholmer Museum »Hon – en katedral« (Sie – eine Kathedrale) – eine liegende Frauenskulptur von 29 Metern Länge. Besucher betraten sie durch die Vagina, innen gab es eine Bar.

Nichts konnte Niki de Saint Phalle mehr bremsen. 1968 nahm sie an einer Kunstschau im New Yorker Museum of Modern Art teil, 1969 folgten Ausstellungen in München und Hannover, 1970 in Paris, im Jahr darauf in Amsterdam, Stockholm, Rom und wieder in New York. 1973 stellte sie am Hohen Ufer in Hannover drei ihrer Nanas auf. Ein Sturm der Entrüstung war die Folge, und selbstredend sahen die Kritiker die westliche Kunst am Abgrund. Es war ihnen alles zu bunt, zu frech, zu direkt, und sexuelle Anspielungen waren auch noch im Spiel. Diese Zeit blieb der Künstlerin als »the battle« in Erinnerung. Doch am Ende siegte – wie in den meisten Fällen – die Kunst. Niki de Saint Phalles Figuren haben eine eigene Qualität und entfalten deshalb ihre eigene Stärke. Schließlich machte Hannover dann doch seinen Frieden mit den bunten Riesenfrauen. Heute sind die Nanas eines der Wahrzeichen der Stadt.

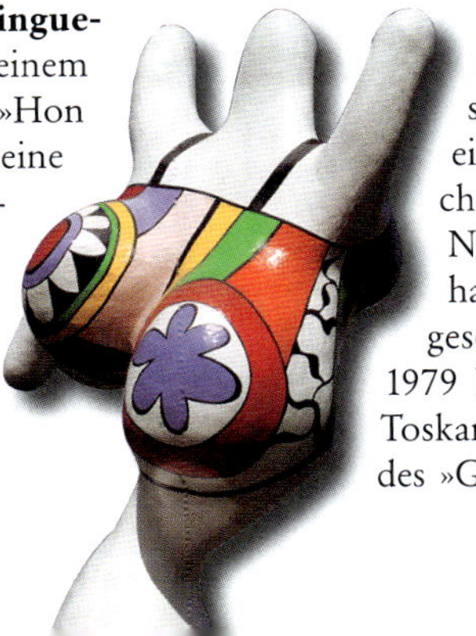

Niki de Saint Phalle hat nicht nur Nanas geschaffen. Bereits 1979 begann sie in der Toskana mit der Anlage des »Giardino dei Taroc-

➢ Nana, eine Weltmarke

➣ Die Grotte im Großen Garten von Herrenhausen, ausgestaltet von Niki de Saint Phalle

chi«. 1981 zeigte das Sprengel Museum ihr bisheriges Gesamtwerk in einer großen Retrospektive. 1983 gestaltete sie vor dem Centre Pompidou in Paris den Stravinsky-Brunnen. Schließlich übernahm die Künstlerin den Auftrag, die **Grotte** in den Herrenhäuser Gärten von Hannover als Zauberwelt mit Spiegel- und Glasmosaiken neu zu gestalten. Ihr letztes Großprojekt, das 2003 vollendet war, hat Niki de Saint Phalle nicht mehr erleben können: Sie verstarb am 21. Mai 2002 in San Diego, Kalifornien.

Weltweit bekannt und anerkannt, fühlte sich Niki de Saint Phalle in Hannover vor allem verstanden. Es war ein gegenseitiges Verstehen. Am 19. November 2000 vermachte sie der Stadt für das **Sprengel Museum** rund 400 ihrer Kunstwerke. »I have a great admiration for the museum and a very special feeling for Hanover«, sagte sie damals. Es war ein Geschenk der besonderen Art, repräsentiert es doch ihr gesamtes Werk von den frühen Assemblagen bis zu ihren Schießbildern, Skulpturen und Zeichnungen. Keine andere Stadt weltweit besitzt eine derartig umfassende Sammlung ihrer Werke. Im Jahre 2000 erhob die Stadt die Künstlerin zur **Ehrenbürgerin**, der ersten und einzigen bis heute.

Ein großzügiges Geschenk verpflichtet. Anfang 2001 zeigte das Sprengel Museum ihre Arbeiten unter dem Titel: »La Fête. Die Schenkung Niki de Saint Phalle«. Ein Erweiterungsbau des Museums ist beschlossene Sache, so dass eines Tages ein großer Teil ihres Werkes in einer Dauerausstellung zu sehen sein wird.

Aus organisatorischen Gründen kann das Sprengel Museum erst ab August 2007 wieder einige der Werke von Niki de Saint Phalle ausstellen.

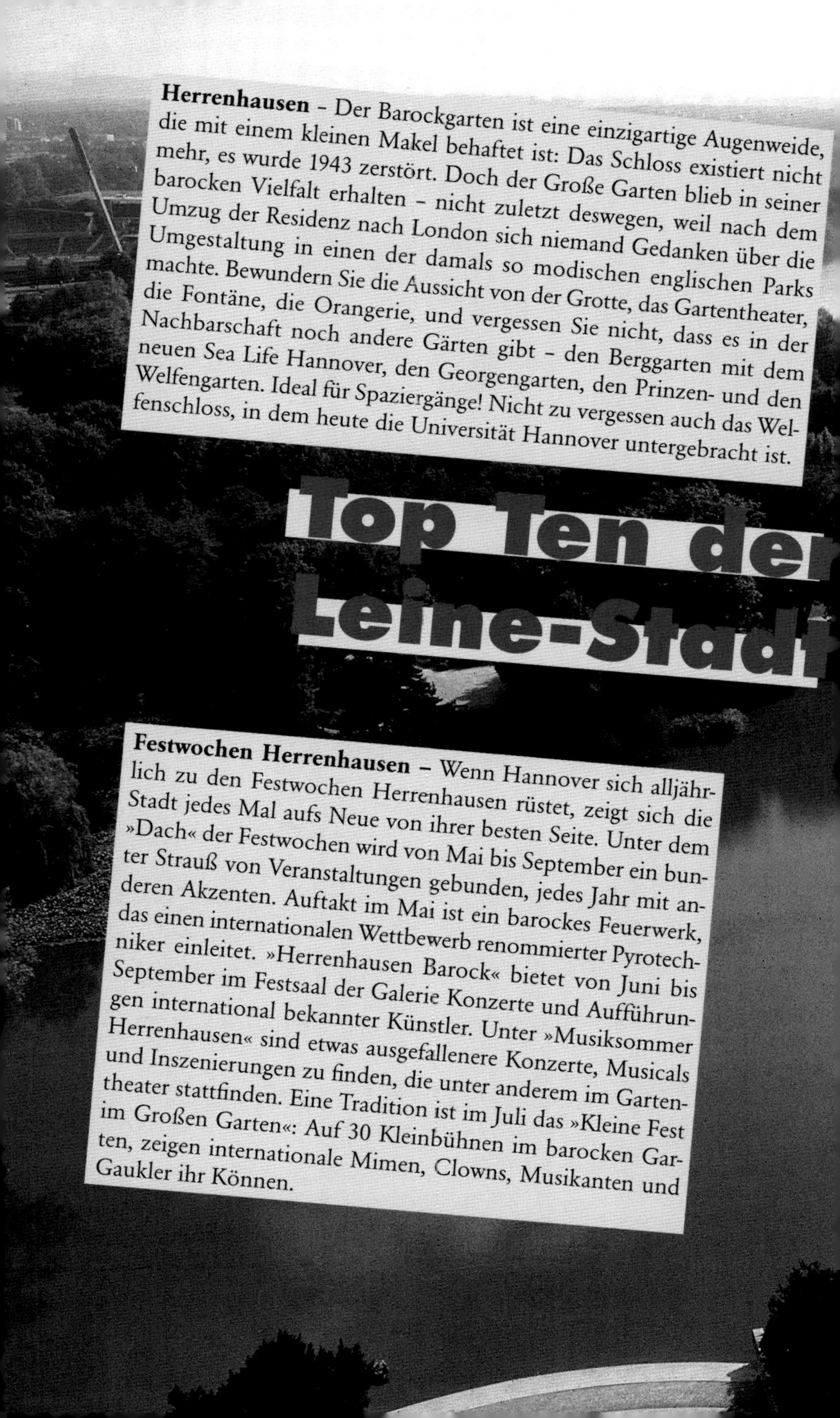

Herrenhausen – Der Barockgarten ist eine einzigartige Augenweide, die mit einem kleinen Makel behaftet ist: Das Schloss existiert nicht mehr, es wurde 1943 zerstört. Doch der Große Garten blieb in seiner barocken Vielfalt erhalten – nicht zuletzt deswegen, weil nach dem Umzug der Residenz nach London sich niemand Gedanken über die Umgestaltung in einen der damals so modischen englischen Parks machte. Bewundern Sie die Aussicht von der Grotte, das Gartentheater, die Fontäne, die Orangerie, und vergessen Sie nicht, dass es in der Nachbarschaft noch andere Gärten gibt – den Berggarten mit dem neuen Sea Life Hannover, den Georgengarten, den Prinzen- und den Welfengarten. Ideal für Spaziergänge! Nicht zu vergessen auch das Welfenschloss, in dem heute die Universität Hannover untergebracht ist.

Top Ten der Leine-Stadt

Festwochen Herrenhausen – Wenn Hannover sich alljährlich zu den Festwochen Herrenhausen rüstet, zeigt sich die Stadt jedes Mal aufs Neue von ihrer besten Seite. Unter dem »Dach« der Festwochen wird von Mai bis September ein bunter Strauß von Veranstaltungen gebunden, jedes Jahr mit anderen Akzenten. Auftakt im Mai ist ein barockes Feuerwerk, das einen internationalen Wettbewerb renommierter Pyrotechniker einleitet. »Herrenhausen Barock« bietet von Juni bis September im Festsaal der Galerie Konzerte und Aufführungen international bekannter Künstler. Unter »Musiksommer Herrenhausen« sind etwas ausgefallenere Konzerte, Musicals und Inszenierungen zu finden, die unter anderem im Gartentheater stattfinden. Eine Tradition ist im Juli das »Kleine Fest im Großen Garten«: Auf 30 Kleinbühnen im barocken Garten, zeigen internationale Mimen, Clowns, Musikanten und Gaukler ihr Können.

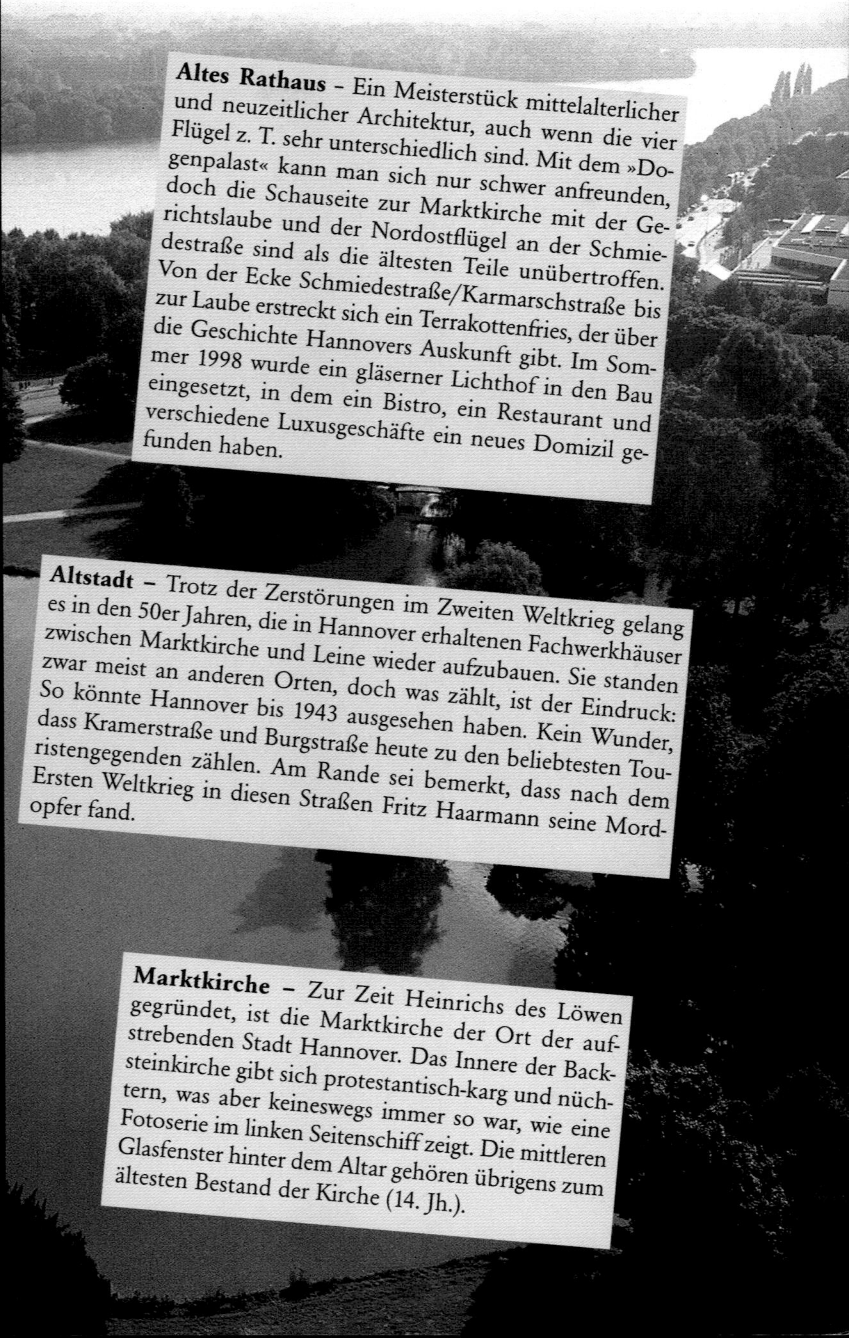

Altes Rathaus – Ein Meisterstück mittelalterlicher und neuzeitlicher Architektur, auch wenn die vier Flügel z. T. sehr unterschiedlich sind. Mit dem »Dogenpalast« kann man sich nur schwer anfreunden, doch die Schauseite zur Marktkirche mit der Gerichtslaube und der Nordostflügel an der Schmiedestraße sind als die ältesten Teile unübertroffen. Von der Ecke Schmiedestraße/Karmarschstraße bis zur Laube erstreckt sich ein Terrakottenfries, der über die Geschichte Hannovers Auskunft gibt. Im Sommer 1998 wurde ein gläserner Lichthof in den Bau eingesetzt, in dem ein Bistro, ein Restaurant und verschiedene Luxusgeschäfte ein neues Domizil gefunden haben.

Altstadt – Trotz der Zerstörungen im Zweiten Weltkrieg gelang es in den 50er Jahren, die in Hannover erhaltenen Fachwerkhäuser zwischen Marktkirche und Leine wieder aufzubauen. Sie standen zwar meist an anderen Orten, doch was zählt, ist der Eindruck: So könnte Hannover bis 1943 ausgesehen haben. Kein Wunder, dass Kramerstraße und Burgstraße heute zu den beliebtesten Touristengegenden zählen. Am Rande sei bemerkt, dass nach dem Ersten Weltkrieg in diesen Straßen Fritz Haarmann seine Mordopfer fand.

Marktkirche – Zur Zeit Heinrichs des Löwen gegründet, ist die Marktkirche der Ort der aufstrebenden Stadt Hannover. Das Innere der Backsteinkirche gibt sich protestantisch-karg und nüchtern, was aber keineswegs immer so war, wie eine Fotoserie im linken Seitenschiff zeigt. Die mittleren Glasfenster hinter dem Altar gehören übrigens zum ältesten Bestand der Kirche (14. Jh.).

Das neue Rathaus und seine Kuppel – Sind die vier Stadtmodelle in der Halle des neuen Rathauses auch noch so informativ – man kann sich das Ganze auch im Original aus der Vogelperspektive ansehen. Die Besucherkarte besorgt man sich bei der Stadtinformation im Parterre, mit dem Fahrstuhl gelangt man auf das Dach, wo man in den schrägen Aufzug umsteigt. Schräg deshalb, weil der Aufzug in etwa der Kurve der Kuppel folgt. Dann hat man Hannover unter sich, man kann den Maschsee überblicken und die Straßen der Altstadt studieren. Bei klarem Wetter sieht man sogar den Harz.

Top Ten der Leine-Stadt

Schützenfest – Hannovers Schützenfest ist das größte der Welt. Die Anfänge reichen bis ins späte Mittelalter zurück, als jeder Bürger verpflichtet war, an der Stadtverteidigung mitzuwirken. Die Hakenbüchse hatte der hannoversche Handwerker sozusagen in seiner guten Stube stehen. Regelmäßig wurde vor den Stadtmauern das Schießen geübt, zum Beispiel auf einen bunten Papagei. Auftakt zum Schützenfest am ersten Juli-Wochenende ist die Verpflichtung der vier Bruchmeister im neuen Rathaus, auf Sitte und Anstand zu achten. Dann ziehen rund 12 000 Schützen mit Musik- und Spielmannszügen hinaus zum Festplatz, und 200 000 Zuschauer am sind außer Rand und Band. Der Rummel ist enorm und nichts für schwache Nerven. Gut für etliche Lüttje Lagen.

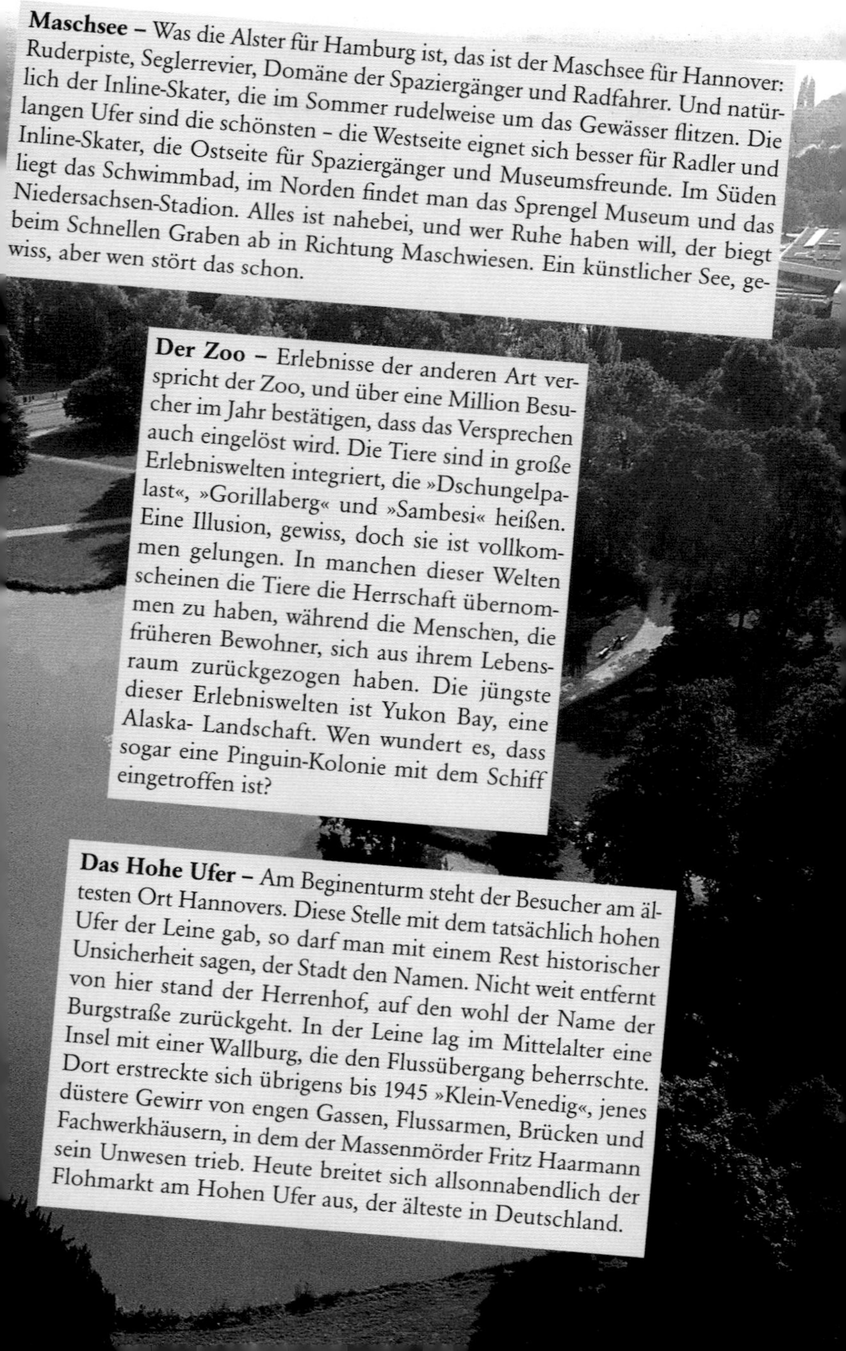

Maschsee – Was die Alster für Hamburg ist, das ist der Maschsee für Hannover: Ruderpiste, Seglerrevier, Domäne der Spaziergänger und Radfahrer. Und natürlich der Inline-Skater, die im Sommer rudelweise um das Gewässer flitzen. Die langen Ufer sind die schönsten – die Westseite eignet sich besser für Radler und Inline-Skater, die Ostseite für Spaziergänger und Museumsfreunde. Im Süden liegt das Schwimmbad, im Norden findet man das Sprengel Museum und das Niedersachsen-Stadion. Alles ist nahebei, und wer Ruhe haben will, der biegt beim Schnellen Graben ab in Richtung Maschwiesen. Ein künstlicher See, gewiss, aber wen stört das schon.

Der Zoo – Erlebnisse der anderen Art verspricht der Zoo, und über eine Million Besucher im Jahr bestätigen, dass das Versprechen auch eingelöst wird. Die Tiere sind in große Erlebniswelten integriert, die »Dschungelpalast«, »Gorillaberg« und »Sambesi« heißen. Eine Illusion, gewiss, doch sie ist vollkommen gelungen. In manchen dieser Welten scheinen die Tiere die Herrschaft übernommen zu haben, während die Menschen, die früheren Bewohner, sich aus ihrem Lebensraum zurückgezogen haben. Die jüngste dieser Erlebniswelten ist Yukon Bay, eine Alaska- Landschaft. Wen wundert es, dass sogar eine Pinguin-Kolonie mit dem Schiff eingetroffen ist?

Das Hohe Ufer – Am Beginenturm steht der Besucher am ältesten Ort Hannovers. Diese Stelle mit dem tatsächlich hohen Ufer der Leine gab, so darf man mit einem Rest historischer Unsicherheit sagen, der Stadt den Namen. Nicht weit entfernt von hier stand der Herrenhof, auf den wohl der Name der Burgstraße zurückgeht. In der Leine lag im Mittelalter eine Insel mit einer Wallburg, die den Flussübergang beherrschte. Dort erstreckte sich übrigens bis 1945 »Klein-Venedig«, jenes düstere Gewirr von engen Gassen, Flussarmen, Brücken und Fachwerkhäusern, in dem der Massenmörder Fritz Haarmann sein Unwesen trieb. Heute breitet sich allsonnabendlich der Flohmarkt am Hohen Ufer aus, der älteste in Deutschland.

Großer Stadtrundgang

Die Tourist Information Hannover hat einen Rundgang ausgearbeitet, der am Hauptbahnhof beginnt, zu fast allen Sehenswürdigkeiten im Zentrum führt und am Ausgangspunkt endet. Er wird markiert durch eine rote Linie auf den Bürgersteigen, weswegen er **»Roter Faden«** heißt. Die folgende Beschreibung hält sich mehr oder weniger an diese Route, erlaubt sich aber einige sinnvolle Abschweifungen. Offizieller Start ist der Hauptbahnhof bzw. die Tourist Information Hannover, doch man kann ebensogut unterwegs beginnen. Besonders leicht lässt sich der »Rote Faden« am neuen Rathaus aufnehmen.

Vom Bahnhof zum neuen Rathaus

Beginn des Rundgangs ist »unterm Schwanz«, wie man salopp in Hannover sagt, das heißt am Reiterdenkmal für Ernst August auf dem Vorplatz des Hauptbahnhofs. 1843 wurde an dieser Stelle die erste hannoversche Eisenbahnlinie nach Lehrte eröffnet. Der heutige fünfteilige **Bahnhof**, 1875-80 im Berliner Rundbogenstil errichtet, musste nach dem Zweiten Weltkrieg zum Teil erneuert werden und wurde zur EXPO 2000 mit zwei Glasfronten verschönt. Der Ernst-August-Platz in Form eines langgestreckten Fünfecks wurde 1845 von Laves gestaltet und gilt als einer der schönsten Plätze des Stadtplaners. In seinen Grundlinien bis heute erhalten, konnten zur Weltausstellung wieder die beiden halbmondförmigen Wasseranlagen gebaut werden, die Laves ursprünglich geplant hatte. Das 1861 enthüllte **Denkmal** für **Ernst August**, das den König in Husarenuniform zeigt, wurde von dem Berliner Bildhauer Albert Wolff geschaffen, einem Schüler Christian Daniel Rauchs. Der Sockelspruch »Dem Landesvater sein treues Volk« ist kein verhunzter Genitiv, wie Spötter gern behaupten, sondern verweist auf angeblich treu ergebene Spender des Bronzedenkmals. Die kamen allerdings nicht aus dem Volke, das sein Geld nicht geben wollte, sondern vom Hof. Hannoveraner verabreden sich gern »unterm Schwanz« oder »beim Pferd« – in strikter Missachtung dessen, der oben sitzt. Das ist die späte Rache an einem König, der 1837 mit dem Staatsgrundgesetz auch einige bürgerliche Freiheiten aufhob, was ihm nicht nur den Zorn der »Göttinger Sieben« einbrachte.

➢ König Ernst August vor dem Bahnhof: So treu war ihm das Volk nun doch nicht ergeben

DEM
LANDESVAT
SEIN
TREUES

➣ Der Bahnhof von 1880. Das Denkmal von König Ernst August vor dem Bahnhof ist einer der beliebtesten Treffpunkte in Hannover

Mit dem Rücken zum Bahnhof stehend, erstreckt sich vor dem Besucher der Ernst-August-Platz. Schräg gegenüber, an der Ecke zur Luisenstraße findet man die **Tourist Information Hannover**. Dort beginnt und endet der »Rote Faden« – der Rundgang durch die Innenstadt Hannovers.

Die ruhige **Luisenstraße** – zwei vornehme Hotels und zwei noble Passagen verpflichten – führt geradewegs zum Opernhaus. Der gesamte Stadtteil zwischen Hauptbahnhof und Georgstraße mit Oper, Schauspielhaus und dem Bankenviertel nennt sich **Ernst-August-Stadt** und wurde nach 1830 als erste Stadterweiterung außerhalb der Stadtbefestigung angelegt. Streitpunkt war lange Zeit der Bau der Oper, die am Ende der Luisenstraße zu erkennen ist: Ernst August wünschte kein einzelnes Gebäude »auf der grünen Wiese« und verweigerte seinem Hofbaurat sieben Jahre die Zustimmung. Erst nach dem Bau des Bahnhofs konnte Laves die Oper errichten.

Aus der Luisenstraße kommend, nähert man sich dem Opernhaus von einer eher unspektakulären Seite. Man geht daher besser zur Vorderfront in der Georgstraße. Der hypermoderne Bau rechter Hand ist das **Enercity EXPO Café**. Das spätklassizistische **Opernhaus** (1845–52) ist Laves' letzter öffentlicher Bau und gilt als Hauptwerk des Architekten, obwohl das Sandsteingebäude wegen seiner unproportionierten seitlichen Anbauten kritisiert wurde. Ein in Goldlettern gesetzter Spruch unter dem Satteldach mit der Lyra erinnert an die Gründung »für die Kunst und die Musen« unter König Ernst August I. im Jahre 1845, auf der Rückseite (zur Theaterstraße) wird entsprechend König Georgs V. gedacht, der »das väterliche Werk« 1852 vollendete. Damals fasste der Zuschauerraum (mit Königsloge und vier Rängen) 1600 Personen. 1943 bis auf die Grundmauern abgebrannt, blieb von der ursprünglichen Innenausstattung nichts erhalten. Im Jahre 1950 wurde das Opernhaus wieder eröffnet. Da die Aufführungen unter schlechter Akustik litten, mussten Innenraum, Foyer und Bühnentechnik 1984/85 vollkommen modernisiert werden. Seither loben Fachleute die hervorragende Akustik des Hauses.

Die **Georgstraße** ist Hannovers Prachtboulevard und Flaniermeile. Sie wurde auf einem abgetragenen Wall der Stadtbefestigung angelegt und 1787 nach König Georg III. benannt. Besonders im Sommer, sonntags zwischen 11 und 13 Uhr, lohnt sich der **Schorsenbummel** - eine nach Georg III. (»Schorse«) benannte hannoversche Tradition. Die Georgstraße zeigt sich dann von ihrer allerbesten Seite. Wenn man Glück hat, sieht man Georg I., der von einem Schauspieler dargestellt wird, Ulanen treten auf, Schützenvereine aus dem Umland flanieren auf dem Boulevard, selbsternannte Größen und unbekannte Originale haben ihren Auftritt. Jazz-Bands spielen zum Frühschoppen auf, denn die Georgstraße ist mit Bistros, Cafés und Restaurants gut ausgestattet.

Nun lohnt ein Abstecher nach links, weg vom »Roten Faden«, in die nahe Sophienstraße, die man

»Auf der Georgstraße, die mit ihren breiten Parkanlagen, ihren monumentalen Gebäuden und dem großstädtischen Verkehr vielleicht die schönste deutsche Straße ist, flanierte um diese Mittagsstunde die ganze elegante Welt. Man sieht da die Offiziersuniformen aller preußischen Kavallerieregimenter, dazwischen das vornehme Weiß-Blau der hannoverschen Königsulanen, die nach ihren unzähligen Siegen auf der Rennbahn den Anspruch erheben, das beste Reiterregiment der Armee zu sein. Man sieht die Studenten der Hochschule in bunten Mützen, hübsche Jungen mit zerprügelten Gesichtern, und man sieht die eleganten Damen dieser reichen Industrie- und Beamten- und Offiziersstadt, die alle auf der rechten Seite der Straße auf und ab wandeln und der Regimentsmusik lauschen, die vor dem Königlichen Theater konzertiert.«
(Wilhelm Meyer-Förster, »Heidenstamm«, Leipzig und Stuttgart, 1901)

➣ Das Kreuzkirchenviertel: Zustand vor der Zerstörung und Blick auf das neue Viertel

zwischen dem Opernhaus und der Gedenkstätte hindurch erreicht. Die **Gedenkstätte** ist den jüdischen Bewohnern Hannovers gewidmet, die während der Nazizeit ermordet wurden. Hinter der Gedenkstätte, längs der Georgstraße, erinnern drei **Skulpturen** an Berühmtheiten aus der Geschichte Hannovers - an den Chirurgen **Louis Stromeyer** (1804-76), den Direktor der Polytechnischen Schule (der Vorläuferin der TH Hannover) **Karl Karmarsch** (1803-79) und an den Hofkapellmeister **Heinrich Marschner** (1795-1861).

Beherrschendes Gebäude der Sophienstraße ist das **Künstlerhaus**, ehemals »Museum für Kunst und Wissenschaft«. Das Bauwerk wurde von **Conrad Wilhelm Hase** (1818-1902) errichtet, einem der bemerkenswertesten Architekten Hannovers im 19. Jh. Der im hannoverschen Rundbogenstil 1855 vollendete Bau wurde also nur drei Jahre nach dem spätklassizistischen Opernhaus fertiggestellt, was die neue Tendenz in der Architektur zu heimischen Baustilen verdeutlicht. Die Figuren an den Seitenflügeln stellen Leibniz, Alexander von Humboldt, Dürer und Adam Kraft dar. Ein Relief des Architekten ist am rechten Flügel zu finden.

Am Eckhaus gegenüber, Landschaftsstraße 2, hängt eine Tafel, die an den Balladendichter Börries von Münchhausen und den Lyriker Joachim Ringelnatz erinnert, die zeitweilig im Vorgängergebäude wohnten. Ringelnatz ordnete Anfang 1913 die Bibliothek des Seniors Börries von Münchhausen, genannt der »Rote Baron«, schuf Werbesprüche für Persil - und wurde von der Firma mit einer Kiste Waschpulver abgespeist.

In der Rathenaustraße kündigt sich mit dem ehemaligen **Haus der Calenberg-Grubenhagenschen Landschaft** das Bankenviertel an. Das 1846-49 im Stil der englischen Neugotik (Tudorstil) errichtete Bauwerk unterstreicht die dynastische Verbindung zu England, ist aber architektonisch für Hannover ein Einzelfall. »Landschaften«, von denen es in Hannover sieben gab, waren Vertretungen der Provinzialstände, mithin der adligen Grundbesitzer vom Lande, die hier ihre Geschäfte tätigten. Heute ist in dem zinnenbewehrten Gebäude die **Börse** untergebracht. Das imposante Eckhaus zwischen Opern- und Georgsplatz mit der Turmkuppel wurde 1900 errichtet und gehörte einst der **Hannoverschen Bank**. Es zeigt in Ornamentik und Pflanzenformen den Übergang zum Jugendstil. Über dem Eingang ließ Architekt Börgemann einen Glotzkopf anbringen – Sinnbild eines trägen Beamten.

Der »Rote Faden« überquert nun die Georgstraße und führt in die Straße Georgswall. Strenggenommen beginnt erst jetzt die Altstadt von Hannover. Links sieht man den 50er-Jahre-Bau der Nord/LB, Zentrum des Bankenviertels. Wir biegen rechts in die Breite Straße ein, Mittelpunkt der Aegidienneustadt. Dieser neue Stadtteil wurde innerhalb der Stadtmauern von Bürgermeister **Christian Ulrich Grupen** (1692–1767) angelegt, der hier vor allem Gewerbe ansiedeln wollte. Doch die Handwerker ließen auf sich warten, stattdessen kamen Hofbedienstete. Das Eckhaus (Breite Straße 10/12) ist das **Grotehaus**, ein historisierender Bau für den Kaffeeröster Ernst Grote, der nach dem Krieg im alten Stil, mit Knaggenschmuck und Werksteinrahmungen, wieder errichtet wurde. »Historisierend« meint, dass der Bau mittelalterlich anmutende Elemente verwendet, obwohl er erst 1935/36 geplant wurde. Am Ort des Hauses befand sich übrigens das innere Aegidientor (Torturm), das 1748 abgerissen wurde. In der Verlängerung erreicht man die Aegidienkirche.

➢ Manche nehmen es mit dem »Roten Faden« sehr genau: Schüler beim Erkunden des »Trammplatzes« vor dem Rathaus mit den EXPO-Flaggen.

Herzog Heinrich der Löwe gründete zwischen 1149 und 1167 die **Aegidienkirche**, Mittelpunkt eines Kirchspiels mit einem neuen Siedlungskern. Im Zweiten Weltkrieg zerstört, blieb die Aegidienkirche Ruine und wurde im Oktober 1953 zu einer Gedenkstätte für die Opfer von Krieg und Gewalt umgestaltet. Das Innere der altehrwürdigen Mauern kann man jederzeit aufsuchen. Auch auf den Turm kann man steigen, sofern man den Schlüssel beim Küster der Marktkirche besorgt hat. Es lohnt sich auch, die Kirche außen zu umschreiten: An der Straßenecke trifft man auf den berühmten **Siebenmännerstein**, allerdings steht hier nur eine Kopie. Cord Borgentrick konnte 1490 durch seine Wachsamkeit einen Überfall der Mannen des Welfenherzogs Heinrich d.Ä. auf Hannover vereiteln. Dabei sollen am Döhrener Turm sieben Wachleute getötet worden sein, was aber nicht den Tatsachen entspricht. Auch die Jahreszahl 1480 auf dem »Siebenmännerstein« oder »Spartanerstein« ist falsch, die Darstellung volkstümlich.

Der »Rote Faden« leitet den Besucher über den Theodor-Lessing-Platz in Richtung neues Rathaus, dessen Mittelbau mit der mächtigen Kuppel hoch zwischen den Häuserblocks aufragt. Links, in der Vorhalle der Volkshochschule, sieht man ein Stück altes Mauerwerk – Rest der Stadtmauer und des Borgentrick-Turms (benannt zu Ehren des mutigen Retters von Hannover). Wir verlassen also wieder die historische Altstadt und erreichen durch die Unterführung die andere Straßenseite.

Der »Rote Faden« zögert den Gang zum Rathaus hinaus und führt den Besucher zunächst links zu einer kleinen Bronzeskulptur, dem **Bogenschützen** von Hannover. Die 1936 von Ernst Moritz Geyger geschaffene Figur zielt direkt auf die Ratslaube.

➢ Der »Siebenmännerstein« an der Aegidienkirche

➣ Das neue Rathaus vom Maschteich aus gesehen

Kurz vor der Jahrhundertwende plante der Rat ein **neues Rathaus** im historisierenden Stil, das imposant wie ein Schloss aussehen sollte. Hermann Eggert aus Berlin gewann mit dem Entwurf für einen gewaltigen Kuppelbau 1898 den Architekturwettbewerb. Hannover wollte sich mit der Kuppel von den anderen Rathausbauten im Deutschen Reich jener Zeit unterscheiden, die fast alle mit Türmen ausgestattet wurden. 6026 Buchenpfähle mussten in den sumpfigen Boden der Aegidienmasch gerammt werden, auf denen ein meterdickes Betonfundament angelegt wurde. 1905 stand der Rohbau, 1908 waren auch die mächtige Kuppel und die beiden Türme fertig. Da sich inzwischen die Kunstauffassungen geändert hatten, wurde mit den Innenarbeiten der Stuttgarter Architekt Gustav Halmhuber beauftragt, der die Künstler Ferdinand Hodler und Fritz Erler gewinnen konnte. 1913 waren auch die im Jugendstil gehaltenen Innenarbeiten abgeschlossen, so dass Kaiser Wilhelm II. am 20. Juni zur feierlichen Eröffnung anreisen konnte: »Alles bar bezahlt, Majestät«, soll ihn Stadtdirektor Heinrich Tramm über den zehn Millionen Reichsmark teuren Bau beruhigt haben. Seither ist das Rathaus eines der Wahrzeichen Hannovers.

Dem Eindruck nach ein Barockschloss, sind viele architektonische Details der Neorenaissance nachempfunden, während die Innenausstattung zum großen Teil im Jugendstil ausgeführt wurde. Über die gesamte nördliche Fassade reicht ein Bilderfries mit Sagen

➣ Am Nordufer des Maschsees, Blick nach Osten auf den Fackelträger und das Sprengel Museum

und Legenden aus der Geschichte Hannovers, u.a. jener des erblindeten Mädchens »ex vico hanovere«, das am Grab des Hildesheimer Bischofs Bernward in Hildesheim wieder sehen konnte. Andere Szenen stellen die Residenznahme 1636 durch Georg von Calenberg sowie Kurfürstin Sophie im Gespräch mit Leibniz dar. Man betritt das Rathaus durch die Ratslaube, dahinter erstreckt sich die große, 38 Meter hohe Halle. Im Jahre 1943 wurde hier aufgrund der Zerstörungen Markt abgehalten. Heute findet man hier vier große Stadtmodelle, die Hannover in den Jahren 1689, 1939, 1945 und in der Gegenwart zeigen, so dass man die mittelalterliche Stadtstruktur sowie die immensen Zerstörungen des Zweiten Weltkriegs gut studieren kann. Auf der Treppe findet alljährlich die »Verpflichtung« der vier Bruchmeister statt, Auftakt zum Schützenfest in Hannover, dem größten der Welt. Wer die schönsten Säle des Rathauses besichtigen will, der nehme an einer Führung teil. Die große Treppe führt direkt zum ehemaligen Festsaal. Im Zweiten Weltkrieg zerstört, wurde der große Raum in den 50er Jahren nüchtern und sachlich als Ratssaal wieder eingerichtet. Drei Säle zeigen noch weitgehend die originale Gestaltung der Jahrhundertwende: Hodlersaal, Mosaiksaal und die Ratsstube an der Nordseite. Der **Hodlersaal** ist benannt nach dem Künstler Ferdinand Hodler, dessen fünfzehn mal fünf Meter großes Monumentalgemälde »Einmütigkeit« den Raum beherrscht. Das dargestellte Bekenntnis der Bürger vom 26. Juni 1533 zur Reformation geriet etwas reckenhaft-heroisch und blieb nicht ohne Kritik. In diesem Saal tagte am 29. Januar 1946 der erste Rat, am 9. Dezember 1946 versammelten sich hier die Abgeordneten des ersten Landtags des neuen Landes

Niedersachsen. Im benachbarten **Gobelinsaal**, früher »Blauer Saal« genannt, sind einige Wandteppiche von Georg Meistermann zu sehen. Der **Mosaiksaal**, der ehemalige »grüne Saal«, zeigt, wie prachtvoll die Säle um die Jahrhundertwende ausgestattet waren. Man beachte die Mosaiken über den Türen, die einen mittelalterlichen Triumphzug der Handwerker darstellen.
Eine der größten Attraktionen des Rathauses ist die Fahrt mit dem schrägen Aufzug (Neigung: 15 Grad) zur Aussichtsplattform in der Rathauskuppel, die 1945 fast heil geblieben war. Die Aussicht über die Altstadt und den Maschsee ist bei fast jedem Wetter beeindruckend, bei klarer Sicht sieht man sogar die Berge des Harzes. Genau 97,73 Meter ist die Rathauskuppel hoch, knapp 50 Zentimeter höher als die Spitze der Marktkirche. Man hat großen Wert darauf gelegt.

Bereits 1902 war im Süden der **Maschpark** geschaffen worden. Vom gegenüberliegenden Ufer des Maschteichs hat man einen ausgezeichneten Blick auf die Südfassade des Rathauses mit den beiden 62 Meter hohen Türmen. Wer sich die Fassade näher ansieht, entdeckt über dem Aufgang die Skulpturen von Herzog Heinrich dem Löwen, Kurfürst Ernst August, König Ernst August und Georg V. Inmitten des kleinen Parks stehen zahlreiche Kunstwerke – Henry Moores Schottisches Kreuz und Berto Laderas Stahlplastik Ile de France sind die bedeutendsten.
Vom Park geht man nur wenige Schritte zum **Niedersächsischen Landesmuseum**, das 1901 vom Provinzialverband als »Provinzialmuseum« errichtet wurde. Das Haus konnte im April 1999 nach zweijähriger Bauzeit wieder eröffnet werden.

➣ Am Nordufer des Maschsees mit seinen Palmen und der Fontäne

Vom neuen Rathaus zurück zum Bahnhof

Wir nehmen nun den »Roten Faden« am Trammplatz wieder auf und erreichen die **Städtische Bauverwaltung**, deren Rasterfassade unschwer den typischen Fünfziger-Jahre-Bau erkennen lässt. Der harte Kontrast zum Rathaus und die Verbauung des Eingangs zum Maschpark ließen Kritik aufkommen. Die »Hannoversche Allgemeine Zeitung« war dafür, die »Neue Presse« dagegen (damals waren die Zeitungen noch nicht vereint). Stadtbaurat Rudolf Hillebrecht legte in einer Denkschrift klar, warum er den ersten größeren Verwaltungsneubau nach dem Krieg (dessen Architekt er nicht war) städtebaulich guthieß. Vermutlich wegen des heftigen Streits ließ Hillebrecht zur Besänftigung der Gegner in einer Nacht-und-Nebel-Aktion vor dem Haupteingang das barocke Portal der kriegszerstörten Garde-du-Corps-Kaserne vom Königsworther Platz aufstellen. Unter dem britischen Wappen liest man den Wappenspruch der Welfen: »Honi soit qui mal y pense« (Ein Schelm, wer Arges dabei denkt!). Die Broschüre des »Roten Fadens« empfiehlt an dieser Stelle, genau 15 Meter vom Portal aus abzuschreiten, um den majestätischen Kuppelbau des Rathauses auch von der Seite zu bewundern. Er ist wirklich schön, und die Meterzahl stimmt auch. Nicht weit von der Bauverwaltung entfernt steht das **Museum August Kestner**, das »Haus der 5000 Fenster«. Das weiße Betongitter ist in Wirklichkeit die moderne Ummantelung des ursprünglichen Gebäudes, das 1889 als erstes städtisches Museum eröffnet wurde.

Auf der gegenüberliegenden Seite des Friedrichswalls erhebt sich das Grandhotel Maritim, das dem Rathaus architektonisch kein ebenbürtiger Partner ist. Dieser Teil des City-Rings hieß früher Friedrichstraße und war bestückt mit einer Reihe ansehnlicher Villen und Bürgerhäuser im klassizistischen Stil, von denen zwei erhalten sind. Das **Laves-Haus**, das sich der berühmte Hofbaumeister Georg Ludwig Friedrich Laves 1822–24 als Wohnhaus errichtete, ist wohlproportioniert, geradezu eine Augenweide. An der Kreuzung erhebt sich das prachtvolle **Wangenheim-Palais**, 1829–33 von Laves für den Oberhofmarschall Graf Georg von Wangenheim errichtet. 1844 kam der Anbau des »Greenhouse« hinzu, ein halbzylindrischer Erker, dessen vornehme Aufgabe es war, dem Leineschloss ein repräsentatives Gegenstück anzubieten. Nach dem Tod König Ernst Augusts 1851 bewohnte König Georg V. für zehn Jahre das Palais. Nach 1863 diente es als Rathaus.

Es bietet sich nun ein Abstecher zum **Waterlooplatz** an, der in diesem Falle auch vom »Roten Faden« begleitet wird. Wir überqueren die Leine, passieren den Friederikenplatz und gehen die sanft geschwungene Lavesallee hi-

➢ Im Kestner-Museum, dem »Haus der 5000 Fenster«

nunter in Richtung Waterloosäule, die schon von weitem zu sehen ist. Es ist eine jener Straßen, so recht nach dem Sinne des Stadtbaurats Hillebrecht: breit angelegt, zwei Fahrspuren in jede Richtung, die Gebäude zu beiden Seiten gut sortiert: Es sind sämtlich Regierungs- und Verwaltungsbauten. Rechter Hand, jenseits der Lavesallee, erkennt man das **Hauptstaatsarchiv Hannover**, Eckpunkt der Calenberger Neustadt. Das erste in Deutschland für ein Staatsarchiv geplante Gebäude wurde 1721 vollendet. Das sandsteinerne Bauwerk war ursprünglich ein zweigeschossiger Bau mit Haupteingang an der Nordseite, 1889-93 kam mit der Aufstockung auch der Südflügel hinzu, den man während des Spaziergangs sieht. Davor erhebt sich das Standbild des **Generals von Alten**, von dem noch zu reden sein wird.

Der Spaziergang zum Waterlooplatz ist deshalb so interessant, weil dort zwei Standpunkte städtebaulicher Planung unversöhnlich aufeinanderprallen. Der **Waterlooplatz** war einst Exerzier- und Paradeplatz der königlichen Truppen und wurde gemäß hochherrschaftlicher Überzeugung mit Blick- und Beziehungsachsen (z.B. zum Leineschloss) ausgestattet. Der Schwung der Hillebrechtschen Lavesallee kappt diese Beziehungen, die als »undemokratisch« galten. Die asymmetrisch ausschwingenden Fahrbahnen sollten ein neues Raumgefühl vermitteln:

➢ Das 1829-33 erbaute Wangenheim-Palais, Sitz des Ministeriums für Wirtschaft, Arbeit und Verkehr

»Dieses Schwingen«, so Hillebrecht, »habe ich als ein Gefühl unserer Zeit empfunden, im Kontrast zum Gefühl des Marschierens oder des Geradeausgehens.«
Wie dem auch sei, die **Waterloosäule** sollte man aufsuchen, auch wenn dies wegen des Verkehrs nicht ganz einfach ist. Die Gedenktafeln erinnern an den Sieg über Napoleon bei Waterloo, der auch mit hannoverschen Truppen unter General von Alten errungen wurde. Laves gestaltete 1826 den Platz, am 18. Juni 1832, dem Jahrestag der großen Schlacht, wurde die Waterloosäule eingeweiht. Man kann übrigens innerhalb der Säule zur Siegesgöttin Viktoria hochsteigen und sich den Platz einmal von oben ansehen.

Zurück am Friederikenplatz, überqueren wir den Friedrichswall - die Bushaltestelle ist ein Kunstwerk der stadtweiten Reihe »Busstops«, die von internationalen Künstlern gestaltet wurde - und stehen nun vor dem **Wangenheim-Palais**, das heute zum Ministerium für Wirtschaft, Arbeit und Verkehr gehört. Jenseits der breiten Karmarschstraße, die unter Stadtbaurat Rudolf Hillebrecht in den 50er Jahren von 17 auf 33 Meter verbreitert wurde, stand einmal – genau am Ort der Brücke - die alte Wasserkunst. so nannte man seit der frühen Neuzeit die zentralen Anlagen, die mittels einfacher Pumpen und hölzerner Röhren Trinkwasser an einige Entnahmestellen in der Stadt weiterleiteten.

Diese Anlagen waren oft kleine Kunstwerke, sorgfältig umbaut und verziert. So auch in Hannover. Im neoklassizistischen Stil 1896–98 errichtet, glich sie eher einem Schloss als einer Pumpenstation. Und als »Leineschloss« wurde sie tatsächlich nach dem Zweiten Weltkrieg von so manchem amerikanischen Touristen wahrgenommen. Hillebrecht ließ sie 1963 abreißen, sie werde nicht mehr gebraucht, hieß es. Für die Versorgung der Parks und Gartenanlagen war aber sehr wohl eine Pumpenstation nötig: Sie wurde kurz darauf in Kastenbauweise, unansehnlich, aber unauffällig, auf der anderen Straßenseite gebaut. Die Reliefs an der Brücke sind der letzte Rest der Wasserkunst. 1966 wurde auch das Friederikenschlösschen am Südrand des Platzes abgerissen – für die neue Staatskanzlei, die sich aber später einen anderen Bauplatz suchte. In der Nähe wurde 1998 das von Florian Budini geschaffene Denkmal »Göttinger Sieben« errichtet.

Wir haben inzwischen den Spaziergang an der Leine fortgesetzt und die romantische **Schlossbrücke** erreicht. Den Grafen Königsmarck, Liebhaber der unglücklichen Prinzessin Sophie Dorothea, hat man hier, nach seiner Ermordung am 11. Juli 1694 im Schloss, aus der Leine gefischt. Ein Blick zurück: Ist sie nicht ausgesprochen lieblich, die Schlossbrücke, wie sie sich anmutig über die Leine schwingt, vor dem Rathaus in der Ferne? Ein Bild wie in Venedig, und vielleicht der einzige Blick, der heute noch an **»Klein-Venedig«** erinnert, jenen verrufenen Stadtteil, der sich nahebei bis zum Zweiten Weltkrieg zwischen den beiden Leinearmen erstreckte. Der westliche Arm wurde zugeschüttet, heute verläuft dort die Straße Leibnizufer, und von der mit Fachwerkhäusern bestandenen Flussinsel läßt sich nichts mehr erahnen. Haarmann trieb hier sein Unwesen, verhökerte die Kleider, die er seinen Mordopfern abgenommen hatte.

Im April 1637 beschloss Georg I., am Ort des Franziskanerklosters an der Leine ein **Schloss** zu errichten. Es begann bescheiden mit einem dreigeschossigen Fachwerkbau auf der Stadtmauer, Teile der Klosterkirche wurden einbezogen. Im Laufe der Zeit entstand durch zahlreiche Erweiterungen und Umbauten eine Schlossfront an der Leine, die sich in einen Kammerflügel (zum Beginenturm) und einen Leineflügel (zum heutigen Plenarsaal) unterteilte. Der Kammerflügel brannte 1741 aus, wurde bis 1746 erneuert und stellt heute den ältesten erhaltenen Teil der Schlossfassade dar. Von den Anbauten verdient der Theaterpavillon (Kleines Schlosstheater) Erwähnung, der 1677 errichtet wurde. 1685–88 schmückten die Italiener Dossa Grana und Perinetti den Rittersaal im östlichen Querflügel prachtvoll aus; Leibniz, der damals noch im Schloss wohnte, wählte für den Saal die Herrscherbildnisse aus und arrangierte sie. Im Jahre 1689 wurde das Große Schlosstheater errichtet, das mit einer Kapazität von

1300 Plätzen eines der größten und aufwendigsten Schauspielhäuser Europas war. Nach dem Bau des Opernhauses wurde es nicht mehr benötigt und 1854 abgerissen.
Unter Laves wurde das Leineschloss dem umfassendsten Umbau in seiner Geschichte unterzogen. Er dauerte 29 Jahre, erbrachte zwar eine einheitliche klassizistische Fassadengestaltung, aber nicht die erwünschte symmetrische Gestaltung des Grundrisses durch Anbauten. Nach den Zerstörungen im Zweiten Weltkrieg wurde das Leineschloss zum künftigen Sitz des **Niedersächsischen Landtags** erklärt und 1957–62 nach Plänen von Dieter Oesterlen wieder aufgebaut. Dessen südlich angebauter Plenarsaal stieß durch die abweisende, Distanz wahrende Gestaltung auf Kritik. Bis auf den heutigen Tag sind die architektonischen Bruchstellen des Leineschlosses zwischen Barock, Klassizismus und klassischer Moderne Sinnbild der Verwerfungen in der Geschichte des Landes.
Wir biegen in die Schloßstraße ein und setzen den Rundgang **am Hohen Ufer** der Leine fort. Am ältesten Ort der Stadt, der Hannover den Namen gab, findet samstags der Flohmarkt statt. Er ist der älteste in Deutschland. Vom Ufer, das recht hoch gelegen ist, hat man einen guten Blick hinüber zur **Calenberger Neustadt**. Man sieht den **Duve-Brunnen**, der an jenen Kaufmann erinnert, der an der Neustadt so gut verdiente, hoch ragt die **Neustädter Kirche (Johanniskirche)** von 1666–70 auf, halb rechts die barocke (katholische) **Clemenskirche**, 1711–18 errichtet von dem italienischen Baumeister Tomaso Giusti. Beim Wiederaufbau erhielt sie endlich jene patinagrüne Kuppel, die der Italiener einst vergebens geplant hatte. Nicht zu übersehen sind die drei **Nanas** von Niki de Saint Phalle am Leibnizufer. Zuerst waren sie ein ständiges Ärgernis, inzwischen hat man sich an die lustige, dralle Provokation gewöhnt.
Die Route führt weiter an der Leine entlang. Hoch ragt der **Beginenturm** auf, einst der mächtigste Turm der Stadtbefestigung, den der Rat 1357 direkt gegenüber der Burg Lauenrode, dem Sitz des Landesherrn, bauen ließ. Er steht unmittelbar neben dem **Historischen Museum**, das 1963–66 auf den Mauerresten des Zeughauses von 1649 errichtet wurde (das wiederum Teil der Stadtmauer war).
Hinter dem Historischen Museum führt der »Rote Faden« rechts in die Altstadt. Hier sollte man das **Marstalltor** nicht versäumen, einziger Überrest des 1712 von Remy de la Fosse errichteten Reithauses an der Burgstraße, das hier aufgebaut wurde. In der Burgstraße angekommen, sieht man rechts ein schönes Ensemble alter Fachwerkhäuser aus dem 16. und 17. Jh. Einige Bauten haben an ihrem ursprünglichen Ort den Weltkrieg heil überstanden, einige Häuser stammen aus anderen Straßen und wurden hier wieder aufgebaut. **Burgstraße 12** ist Han-

➣ Im Hauptportal des Niedersächsischen Landtags spiegelt sich die Marktkirche

novers ältestes Haus, erkennbar an den zahlreichen Halbsonnen. Das sogenannte städtische Gehöft umfasst ein Vorderhaus (1566), Seitenflügel und ein Hinterhaus (1564). Gegenüber führt ein Fußweg zur Kreuzkirche.

Die Gegend um die Kreuzkirche hat einen besonderen Charakter. Obwohl das Rotlichtviertel am Steintor gewissermaßen um die Ecke liegt, wirken die Häuser um die Kreuzkirche wie eine stille Oase. Nicht zu Unrecht nennt man das **Kreuzkirchenviertel** deshalb auch »Goldener Winkel«. Es geht auf Rudolf Hillebrecht zurück, der die Eigentümer nach dem Krieg überzeugen konnte, allen Grund und Boden zusammenzulegen, um genossenschaftlich eine Siedlung mit 215 Wohnungen zu bauen. Auf der Bauausstellung Constructa im Sommer 1951 konnte der Stadtbaurat das Kreuzkirchenviertel dem Fachpublikum vorstellen.

Die gotische **Kreuzkirche** wurde im April 1333 als Pfarrkirche eingeweiht. Der Grundriss war in früherer Zeit unregelmäßig: Dem Langhaus wurde 1497 nördlich des Chores die St. Annenkapelle angefügt, 1560 ein nördliches Seitenschiff. Als der Turmaufbau durch Sturm zerstört worden war, beauftragte der Rat Kaufmann Johann Duve 1652/53 mit dem

Bau einer dreiteiligen, barocken Laternenhaube, eine der frühesten in Niedersachsen. Der gerissene Kaufmann spendete 100 Taler, verdiente 3000 und verkündete, er habe 1000 draufgezahlt. Duve nutzte die Gunst der Stunde und ließ sich 1655 an der Südseite des Chors eine barocke Kapelle mit Grablege errichten, samt repräsentativem Kupferdach, Schaugiebel und eigenem Wappen. Im Zweiten Weltkrieg blieben nur die Mauern und der Dachstuhl der Kirche sowie die Duvekapelle erhalten. Beim Wiederaufbau 1959–61 wurde auf Seitenschiff und St. Annenkapelle verzichtet. Der nördliche Anbau wird zurzeit als serbisch-orthodoxe Kirche

➣ Am Duve-Brunnen, hinten die Marktkirche

➣ Am Hohen Ufer: Historisches Museum, Beginenturm und Turmspitze der Kreuzkirche

(mit wertvoller Ikonensammlung) genutzt. Bedeutendstes Kunstwerk im Innern ist das Altargemälde von Lucas Cranach d.Ä. aus der Zeit vor 1537. Man beachte die alten Grabsteine, z.B. von Didericus de Rintelen (1321), der älteste von Hannover, sowie von Bürgermeister Johann Stenhus (1332) und dessen Frau Hildegardis (1335), älteste Darstellung einer hannoverschen Familie.
Durch die Kreuzstraße nähern wir uns dem Ballhof. Die Gaststätte »Kreuzklappe« an der Ecke war einst übel beleumundet, verkehrten doch dort »Nepper, Strezer und Schoresmacher« (Theodor Lessing); in den 30er Jahren war sie ein Stützpunkt der SA. Der weite **Ballhofplatz** war einst dicht mit alten Fachwerkhäusern besetzt; sie wurden 1936/37 abgerissen, die Bewohner umgesiedelt. So fällt der Blick ungehindert auf den **Ballhof**, heute Teil des Niedersächsischen Staatstheaters, seit Jahrhunderten ein Ort der Kunst und des Spiels. Ganz in der Nähe hielt Herzog Heinrich der Löwe 1163 einen Hoftag ab. Am Ort eines herzoglichen Meierhofs

ließ Georg Wilhelm 1649 den Ballhof für Feste und das Federballspiel errichten, das damals am Hof sehr beliebt war. Hier traten Komödianten, Schauspieler und Schausteller auf, hier wurden Tiere und allerlei Kurioses dargeboten. Der eigentliche Ballhof ist der muschelkalkverblendete Bau in der Mitte. Linker Hand sieht man das ehemalige HJ-Heim, rechts das frühere BDM-Heim (Burgstr. 23).
Die Atmosphäre der Burgstraße fängt den Besucher wieder ein. Wir befinden uns inmitten der »**Traditionsinsel**« Hannovers, deren Fachwerkhäuser früher z.T. an anderen Plätzen standen und hier wieder aufgebaut wurden. Das Eckhaus Burgstraße 23, das sogenannte »Spittahaus«, hatte früher seinen Platz gegenüber Burgstraße 12 (siehe oben): In dem Anwesen von 1669 wohnten einst Johann Duve, später der Kirchenliederdichter Karl Johann Philipp Spitta (1801-59). Die Häuser Burgstraße Nr. 25, 27 und 27a stammen aus der Knochenhauerstraße. Wie durch ein Wunder haben sie den Feuersturm 1943 überstanden.
Durch die Burgstraße erreichen wir den **Holzmarkt**. Dort liegt der Eingang zum **Historischen Museum**, dessen Sammlungen ausgezeichnet über die hannoversche Geschichte informieren. Auf der rechten Seite des Platzes ziehen drei »historische« Bauten den Blick auf sich: In der

➣ Das Leibnizhaus

➣ Droschke im Historischen Museum

➣ Brunnen am Holzmarkt, im Hintergrund die Fachwerkhäuser der »Traditionsinsel«

Mitte erhebt sich das sogenannte **Leibnizhaus**, ein Nachbau jenes Hauses, das der berühmte Philosoph nach 1698 bis zu seinem Tod 1716 in der Schmiedestraße 10 bewohnte. In jenem Haus wurde 1759 August Wilhelm Iffland geboren, einer der großen deutschen Schauspieler und Bühnenautoren. Die prachtvolle, reich verzierte Sandsteinfassade im Stil der Weserrenaissance stammt von 1652 und wurde 1890–93 wiederhergestellt. Im Zweiten Weltkrieg zerstört, baute man das Haus Anfang der 80er Jahre am Holzmarkt wieder auf. Mit dem **Noltehaus** von 1881 rechts daneben und einem Neubau linker Hand bildet das Leibnizhaus, einst »das schönste Haus in Hannover«, eine wertvolle Ergänzung der »Traditionsinsel«. Der komplette Neubau des Leibnizhauses, der die umstrittene, weil idealisierende Denkmal-Fassade von 1893 wiedergibt, blieb fragwürdig, verdient aber als einziges Beispiel der verlorenen Steinbauten der »Weserrenaissance« in Hannover Beachtung. Die gesamte Häusergruppe dient heute als Gästehaus der Universität von Hannover. Im Parterre des Leibnizhauses wurde ein kleiner **Gedenkraum** für den Philosophen eingerichtet, auch eine Kopie seiner berühmten Rechenmaschine ist zu sehen.

Bevor die Route des »Roten Fadens« zur Marktkirche führt, verdient der **Brunnen** auf dem Holzmarkt Beachtung. Der Messingring im schmiedeeisernen Gitter lässt sich drehen, und sofern man sich dabei etwas wünscht, sollte man mit der Erfüllung rechnen können. Sagt die Sage. Geradeaus kommt man übrigens zum **Por-**

tikus des Leineschlosses, dem repräsentativen Haupteingang des Niedersächsischen Landtags.
Durch die Kramerstraße erreicht man den Markt. Hoch ragt der Turm (97,26 Meter) der backsteinernen **Marktkirche** auf, eines der Wahrzeichen Hannovers. Am Standort der Marktkirche wurde zwischen 1124 und 1141 die romanische Georgskirche errichtet, die im ersten Drittel des 14. Jh. durch eine gotische dreischiffige Hallenkirche mit dreifachem Chorabschluss ersetzt wurde. Reste des Vorgängerbaus sind im Fundament erhalten. Der Bau ging zügig voran, kurz nach 1366 war auch der Turmbau fertig, wenn auch nur mit provisorischem Turmhelm. Im Zweiten Weltkrieg blieben Außenmauern, Pfeiler und große Teile des Dachstuhls erhalten. Der Wiederaufbau 1946–52 unter Dieter Oesterlen (siehe Leineschloss) geriet puristisch und kühl: Das mittelalterliche Mauerwerk wurde freigelegt, ohne mittelalterliche Atmosphäre zu schaffen. Wie die Kirche zu früheren Zeiten eingerichtet war, zeigen einige Fotos im linken Seitenschiff. Im Jahre 1436

➢ Blick auf das alte Rathaus und die Marktkirche

➣ Die Marktkirche und das Anzeigerhochhaus im Steintorviertel

wurden beispielsweise zwölf Altäre erwähnt. Die umfangreiche Renaissance- und Barockausstattung wurde versteigert, die neugotische Ausstattung von 1852–55 fiel den Bomben des Zweiten Weltkriegs zum Opfer. Gleichwohl blieben wertvolle Kunstschätze erhalten, vor allem Glasfenster aus dem 14. Jh. (mittleres Fenster im Hauptchor) sowie der Passionsaltar von 1480 eines niedersächsischen Meisters, der 1663 entfernt wurde und so die Zeiten überstand. Auch zwei wertvolle Bronze-Taufbecken von 1500 und Anfang des 16. Jh. sind zu sehen. Beim Wiederaufbau wurde unter der Kirche der Boedekersaal geschaffen, in dem die mächtigen Säulenfüße des Mittelschiffs freigelegt wurden. Das künstlerisch wertvolle Portal des Bauhauskünstlers Gerhard Marcks (1959) zeigt Stationen der deutschen Geschichte diesen Jahrhunderts. An der Rückwand des nördlichen Seitenschiffes hängt das 1631 von Jeremias Sutel geschaffene **Vasmer-Epitaph**, mit dem ein Verbrechen verbunden ist: Sutel, der Bildhauer, führte den Auftrag viel schöner aus, als Meyer, der Zeichner, es vorgegeben hatte. Der war tief gekränkt, klopfte eines Abends im Jahre 1631 bei Sutel an die Tür und rammte dem Meister ein Messer in die Brust. Sutel kam auf den Nikolaifriedhof, Meyer ins Gefängnis, das Epitaph an die Kirchenwand, wo es noch heute hängt. Und noch eine Geschichte: In der Marktkirche liegt der **»deutsche Michel«** begraben. Dahinter verbirgt sich der General Johann Michael von Obentraut, der 1625 bei Seelze mit seinem dänischen Heer von Tillys Truppen überrascht wurde. Michael von Obentraut ritt zwar tapfer und mutig in die Schlacht, aber ohne Helm und nur mit einem Stiefel. Er fiel, bekam in der Marktkirche sein Grab – und wurde der Prototyp des schlafmützigen, redlichen und etwas tumben Deutschen.

Man sollte nun dem backsteinernen Pfarrhaus einen kurzen Besuch abstatten: Eine Tafel klärt darüber auf, dass in dem Vorgängerbau August Wilhelm und Friedrich Schlegel zur Welt kamen, deren Vater Pfarrer an der Marktkirche war.

Übrigens findet man in der Knochenhauerstraße Kurt Schwitters' berühmtes Gedicht über Hannover. Es wurde 1920 von Schwitters geschrieben und hier anlässlich seines 100. Geburtstages den Hannoveranern »zu Füßen gelegt«.

Im 13. Jh. wurde am Markt das **Rathaus** errichtet, das im Laufe der Jahrhunderte zu einer vierflügeligen, nahezu quadratischen Anlage erweitert wurde. Marktkirche und Rathaus gelten als südlichste Großbauten der norddeutschen Backsteingotik. Nach 1230 entstand der **Marktflügel**, der später überbaut und durch Schaugiebel an den Seiten sowie durch Dacherker wesentlich prachtvoller gestaltet wurde. Zur Marktstraße (heute: Schmiedestraße) baute der Rat 1409-13 einen **Ostflügel,** der den ältesten Teil des Terrakottafrieses trägt. 1490 wurde der Marktflügel durch eine Gerichtslaube ergänzt, 1503/04 ließ der Rat den Ostflügel verlängern und mit Dacherkern versehen. 1566/67 kam an der Köbelingerstraße der dritte große Anbau hinzu, der Apothekenflügel mit der ersten Apotheke in Hannover. Dann herrschte fast drei Jahrhunderte Ruhe. Um 1830 erwog man den Abriss des Rathauses, doch durfte Stadtbaumeister Andreae nur den Apothekenflügel durch einen »Dogenpalast« ersetzen, der stark an die oberitalienische Palastarchitektur erinnert und noch heute wie ein Fremdkörper wirkt. Um 1880 nahm sich Architekt Hase der Regotisierung des Rathauses an, die alles in allem das Erscheinungsbild vereinfachte. Nach dem Durchbruch der Karmarschstraße baute Hase 1890/91 den letzten, südlichen Flügel im neugotischen Stil, wobei er geschickt ein zusätzliches Geschoss einbaute. Es wird den wenigsten Besuchern auffallen. Die älteren Teile des Rathauses wurden 1943 zerstört, 1952/53 fand der Wiederaufbau statt. Erst 1964 wurde der Westgiebel rekonstruiert.

Mit einem Aufwand von 16 Millionen Mark wurde das Rathaus 1997/98 völlig umgebaut und saniert, wobei die bedeutendste bauliche Änderung die Schaffung einer Geschäftspassage von der Karmarschstraße zum Marktplatz war.

Der »Rote Faden« umkreist das Rathaus allerdings weiterhin von außen: Man beginnt bei der Gerichtslaube, was den Nachteil hat, dass man vom Terrakottafries zunächst das Ende sieht. Aber

➢ Das 1992 erbaute Schauspielhaus

➣ Das Enercity EXPO Café am Kröpcke

so bekommt man wenigstens an der Laube den Fratzenkopf zu Gesicht. Nun schreitet man die leeren Wandflächen des »Dogenpalastes« ab, sieht am Ende der Köbelingerstraße rechter Hand die expressionistische **Ratsapotheke**, gegenüber den Neubau der **Markthalle**, heute mehr eine kulinarische Begegnungsstätte als ein Markt, schreitet links Hases Südflügel ab und erreicht an der Ecke zur Schmiedestraße wieder den alten Teil des Rathauses. Hier beginnt der **Terrakottafries**, ein an der Geschossgrenze verlaufendes Band von 61 Tonreliefs mit Figuren und Wappen, die zwischen 1410 und 1504 entstanden und in der Hauptsache Heilige (Stadtpatrone), Reichs- und Landesherren sowie Landeserweiterungen darstellen. Der Fries endet an der Gerichtslaube.

Der »Rote Faden« strebt nun der **Grupenstraße** zu, die 1954 zur ersten Fußgängerzone Deutschlands umgebaut wurde. Noch heute ist die Straße von Einzelhandelsgeschäften geprägt. Nun beginnt die Stadt der Warenhäuser. Durch die Karmarschstraße erreichen wir den **Kröpcke**, immer noch Mittelpunkt der Stadt, wenn auch nicht mehr Knotenpunkt des Fernverkehrs. Die **Kröpcke-Uhr**, eines der Wahrzeichen Hannovers, ist wohl der beliebteste Treffpunkt der Hannoveraner – weit vor Ernst August am Bahnhof. Die ehemalige Reklame-Uhr von 1885 war mit einer Wetterstation ausgestattet, sogar Nachrichten konnte man hinterlassen. Sie wurde 1954 abgebaut und 1977 durch eine Nachbildung ersetzt. Bei Volksfesten, die hier häufig stattfinden, steht sie immer arg im Gedränge. Der Name »Kröpcke« stammt von dem Kellner Wilhelm Kröpcke. Der arbeitete im **Caféhaus »Robby«**, das nach 1875 in der Ecke des Opernplatzes gebaut wurde. Kröpcke übernahm um 1900 das Café, das damals nicht so gut lief, hatte aber bald mehr Glück als sein ehemaliger Chef. Der heutige Pavillon, der vierte seit Anbeginn, wurde nach dem Bau der U-Bahn 1977 errichtet und gehört zur Mövenpick-Kette. Hinter dem Lokal steht das hypermoderne **Enercity EXPO Café**. Anfang der 50er Jahre erhielt der Kröpcke, noch inmitten von Kriegstrümmern, durch Neubauten ein völlig anderes Gesicht: Bereits 1949 wurde das Europahaus gebaut, das 1952 durch das elegante Kaufhaus Magis gegenüber eine sinnvolle Ergänzung bekam, die auch heute noch beeindruckt. Das mächtige Kröpcke-Center spricht schon wieder eine andere Sprache. Durch den U-Bahn-Bau wurde das ganze Platz-Ensemble aus den 50er Jahren radikal verändert. Im Tiefparterre erstreckt sich die urhannoversche Einkaufspassage **Passerelle**, nun in **»Niki-de-Saint-Phalle-Promenade«** umbenannt, zum Hauptbahnhof. Durch die Bahnhofstraße eilt der »Rote Faden« dem Bahnhof entgegen. Ernst August hat alles im Blick.

➢ Die Kröpcke-Uhr

In den Vororten

Hannover hat ausgesprochen interessante Stadtteile und Vororte, die der fleißige Szenegänger oder Jazzfreund ohnehin schnell kennenlernt - wenngleich wohl eher bei Nacht als am Tage. Sie gehen meist auf ehemalige selbständige Dörfer zurück, die zum Teil älter als Hannover sind. Vier von ihnen seien in diesem Kapitel vorgestellt.

Oststadt und die List

Kaum einer kann sagen, wo die Oststadt in die List übergeht. Beide erscheinen wie ein einziger gutbürgerlicher Stadtteil, obwohl die Geschichte ganz verschieden verlief. Die Oststadt wurde in der Gründerzeit am Ort alter Gartensiedlungen des Steintorfeldes angelegt, die List hingegen geht auf das alte Dorf List zurück, das um die Jahrhundertwende aufgesiedelt wurde. Beide Stadtteile haben viel gemeinsam: die großbürgerlichen Wohnbauten im Jugendstil mit ihren Erkern und Loggien und all dem Stuck, die verbindende Lister Meile, eine der frühen Fußgängerzonen in Deutschland, die Nähe zur Eilenriede und zur City. Kein Wunder, dass Oststadt und List, von den Bomben des Zweiten Weltkriegs verschont geblieben, zu den bevorzugten Wohngegenden gehören.

Doch da gibt es feine Unterschiede. Die zwischen Raschplatz und der Eilenriede gelegene **Oststadt** wirkt einheitlicher als die List, obwohl einige Straßen wie der Volgersweg oder die Gartenstraße den alten Gartenwegen des Steintorfeldes getreulich folgen. Wer vom Bahnhof kommt, hat den kleinen Stadtteil schnell durchquert: Zunächst muss der unsägliche und immer zugige Raschplatz überquert werden, von dem kaum einer weiß, dass am Ort des Hotels Plaza jenes Gefängnis stand, in dem der Massenmörder Fritz Haarmann 1925 enthauptet wurde. Dann ist auch schon die Lister Meile erreicht. An der Wedekindstraße endet die Oststadt: Dahinter beginnt die List. Stattliche Bürgerhäuser und repräsentative Villen herrschen vor, darunter die Villa Seligmann in der Hohenzollernstraße 39, die Hermann Schaedtler 1906 für den Generaldirektor der Continental-Caoutchouc-und-Gutta-Percha-Compagnie errichtete. Auch von Hindenburg lebte in seiner »frühen« Zeit in der Oststadt, genauer gesagt in der Wedekindstraße 15 und in der Bödekerstraße 6c.

Das Dorf **List** gab es schon im 14. Jh., der ehemalige Dorfkern lag

➢ Der Lister Turm

Der Pelikan oder: Wie eine Weltmarke entsteht

Die Pelikan Werke, die heute etwas umständlich Pelikan Holding heißen, gingen im Laufe ihrer Geschichte durch einige Hände, doch eines blieb: der weiße Pelikan. Im Auf und Ab des Unternehmens war und ist er die verlässliche Konstante. Sein Ursprung liegt in einem Familienwappen.

➣ Probedruck zu einem Plakat für die Pelikan AG von El Lissitzky (1924)

Im Jahre 1838 begann der Chemiker Carl Hornemann Farben für Künstler und Malereibedarf herzustellen – für das Geschäft seines Vaters, der diese Artikel für teures Geld aus Frankreich und England bezog und in seinem Geschäft in der Altstadt noch teurer verkaufte. Das war dem Absatz nicht gerade förderlich, obwohl die Grundmaterialien für Schreibbedarf billig waren: Tinte zum Beispiel konnte man aus Galläpfeln kochen. Am 28. April 1838 wurde die Farben- und Tintenfabrikation Carl Hornemann offiziell gegründet.

Die Geburt des Pelikans fällt in das Jahr 1863. Damals trat der Chemiker Günther Wagner als Chef der Produktion in das Unternehmen ein, das er kurz darauf erwarb. Aus dem Familienwappen übernahm Wagner den Pelikan zur besseren Kennzeichnung der Produkte. Somit ist der Pelikan eines der ersten Warenzeichen in Deutschland.

Einer der erfolgreichsten Vertreter der Firma war Fritz Beindorff, der ab 1881 halb Europa in Sachen Pelikan bereiste. Wagner holte das Talent als Prokuristen in die Firmenleitung. Beindorff heiratete 1888 die Tochter Wagners, wurde 1895 Teilhaber und ein Jahr später Inhaber des Unternehmens.

Fritz Beindorff ist der Mann, der die Marke Pelikan weltweit bekannt machte. Der Unternehmer begleitete den Siegeszug der Schreibmaschine, er schuf die dokumentenechte Eisengallustinte 4001 und den »Selbstfüller«. Den neuen Pelikan-Füllfederhalter mit seinen schwarz-grünen Streifen nannte man im Volksmund auch den »Stresemann«. Der Absatz von Schreib-, Malerei- und Bürobedarf nahm stetig zu. 1901 beschäftigte das Unternehmen 236 Mitarbeiter, im Jubiläumsjahr 1938 waren es 3701.

Bereits 1894 waren die Pelikan Werke an den Engelbosteler Damm umgezogen. Doch die Gebäude erwiesen sich rasch als zu klein. 1906 konnten an der Podbielskistraße die von Otto Taaks errichteten neuen Fabrikgebäude bezogen werden, die 1913/14 erweitert werden mussten. Der architektonisch gelungene Komplex ist bis heute Sitz der Pelikan-Verwaltung und gab dem gesamten Gebiet seinen heutigen Namen: Pelikan-Viertel.

Fritz Beindorff hat sich nicht nur einen Namen als erfolgreicher Manager, sondern auch als Mäzen und Kunstsammler gemacht. Namhafte Künstler gestalteten die Werbung des Unternehmens, u.a. der russische Konstruktivist El Lissitzky. Beindorff sammelte die alten Meister Riemenschneider, Cranach, Rembrandt und Rubens, vernachlässigte darüber aber nicht die Modernen wie Lovis Corinth, Franz Marc, Wilhelm Lehmbruck und Adolf Hölzel. Viele der Werke sind heute in der Niedersächsischen Landesgalerie ausgestellt.

Die Weltfirma mit dem Pelikan als Markenzeichen hat nach dem Zweiten Weltkrieg zahlreiche Veränderungen durchgemacht. 1978 wurde das Unternehmen in eine Aktiengesellschaft umgewandelt, die 1984 von der Schweizer Condorpart AG übernommen wurde. Mehrheitsaktionär heute ist die Pelikan Holding Sdn. Bhd. in Malaysia. Durch alle Veränderungen blieb der Pelikan wie eine verlässliche Kursmarke stets präsent. Das altvertraute Markenzeichen aus Hannover ist nach wie vor weltweit vertreten. Man weiß, was man dem Pelikan verdankt – und hat für das Wappentier der Firma vor dem Stammhaus sogar ein Gehege eingerichtet – mit einigen Pelikanen.

nahe der Wöhlerstraße, der Höfe-, Liebig- und Waldstraße. Es stehen sogar noch einige der alten Bauernhäuser, z.B. das Häuschen der Kleinkötnerfamilie Kokemüller in der Waldstraße nahe der Einmündung der Kollenrodtstraße. Dort in der Nähe stand auch der Vollmeierhof der Familie Kollenrodt, die sich nach der Gründerzeit am Lister Kirchweg eine großbürgerliche Villa errichtete. Womit einmal mehr bewiesen ist, dass in der List im Grunde vieles gut gemischt ist: Da gibt es Arbeiterwohnungen in der Franz-Bork-Straße, großbürgerliche Villen in der Walderseestraße, Mietshäuser, Industriebetriebe und Bauernhäuser – und jede Menge Wohngemeinschaften, Kneipen, Szene-Restaurants, Alternatives, Skurriles und Buntes, aber immer mit bürgerlichem Niveau. »Der Stadtteil List«, so schrieb Anfang der 90er Jahre die Journalistin Ulla Plog, »ist das Nest der Pädagogen und Therapeuten sowie deren Opfer.« Ihnen hat es die Eilenriede angetan, der große Stadtwald, der sich im Osten anschließt. Vermutlich kommt der Name »List« von der Dorflage am Waldrand her. Hauptachse und obendrein mit den schönsten Häusern bestückt ist die Ferdinand-Wallbrecht-Straße, auch die benachbarte Moltkestraße kann sich sehen lassen. Nicht zu vergessen, drei Industriebetriebe haben in List eine Weltkarriere begonnen. 1898 gründete Hermann Bahlsen die Hannoversche Cakesfabrik, ein Besuch des hauseigenen Museums in der Lister Straße ist sehr zu empfehlen (Anmeldung erforderlich!). Die Deutsche Grammophon Gesellschaft der Gebrüder Berliner leitete um 1900 den Siegeszug der Schallplatte ein, und last not least sind da noch die Pelikan-Werke, deren Hauptwerk 1904–06 an der Podbielskistraße errichtet wurde. Das bunte Gemisch ist es, das die List bis heute so interessant macht.

Linden-Nord und Linden-Süd

Die Lindener pflegten schon immer eine robuste Abneigung gegen die Leute in der List. Das hat sich bis heute so gehalten. Wohnte in List das gutbetuchte Bürgertum in Villen, hauste in Linden das Proletariat in schäbigen Quartieren. Hier entstanden die ersten vorindustriellen Manufakturen, hier wuchsen die ersten Fabriken der stürmischen Industrialisierung aus dem Boden, allen voran die Mechanische Weberei von Adolph Meyer und die Maschinenfabriken von Egestorff, aus denen später »Hanomag« hervorgehen sollte. Die Fabrikschornsteine qualmten den Himmel zu, daß die Bäume an der Georgstraße nicht mehr wachsen mochten. Man hatte bei der Gründung der Betriebe die Rechnung eben ohne die vorherrschende Windrichtung gemacht.

Die grauen Zeiten sind in Linden schon lange vorbei. In den 70er Jahren fand Linden wieder zu

➢ Im Biergarten

sich selbst, die Bewohner legten sich ein identitätsstiftendes Selbstbewusstsein zu. Linden ist heute der bunteste und - nach Meinung vieler - der interessanteste Stadtteil Hannovers. Die Bevölkerung ist gut gemischt: Studenten, Lesben, Türken, Schwule, Kinder, Rentner - und viele, viele Hunde. Bemerkenswerterweise blieb die alte Teilung in Linden-Nord (hier lebten die angelernten Textilarbeiter) und Linden-Süd (dort wohnten die ausgebildeten Facharbeiter der Metallwerke) bestehen, obwohl viele der Betriebe des Industriegürtels an der Ihme und im Süden gar nicht mehr existieren.

Bis heute finden sich in **Linden-Nord** noch viele Spuren der alten Industriekultur. In der Kochstraße sind die alten Mietskasernen erhalten, die für Linden-Nord so typisch waren. Die 1856 gebauten Wohnhäuser der Textilarbeiter in der Victoriastraße wurden in den 70er Jahren saniert. Auch die Kiosk-Kultur existiert noch, die es sonst nur noch im Ruhrpott gibt: Da stehen alteingesessene Lindener am Kiosk, holen ihre Zigaretten ein, halten einen Schwatz und trinken gemächlich ihr Bier, das früher einmal fast immer ein »Lindener Spezial« war. Weiß Gott, wer da alles vorbeikommt, den halben Vormittag kann man so verbringen.

Zentrum von Linden-Nord ist die Limmerstraße mit ihren Kneipen, Cafés und buntgemischten Geschäften. Hier ist das legendäre

»Apollo«-Kino zu Hause, Norddeutschlands ältestes Lichtspielhaus und als »Pantoffelkino umme Ecke« heiß geliebt. Die Limmerstraße endet am Küchengarten, benannt nach dem (königlichen) Küchengarten von 1646, der den Hof mit Lebensmitteln versorgte. Dort findet man das TAK, das Theater am Küchengarten, vor Jahrzehnten von Dietrich Kittner, dem Kabarettisten, im alten Lindener Badehaus gegründet. Ein Stück weiter im Süden liegt der sternförmige Lichtenbergplatz, der nach der Stadtgründung 1885 wohlhabende Bürger nach Linden locken sollte und noch heute seinen bürgerlichen Charakter nicht verleugnet. Ganz in der Nähe stößt man auf den Lindener Marktplatz, im Haus Nr. 2 kam Hannah Arendt zur Welt, die später weithin bekannte Philosophin. Auch das alte Lindener Rathaus von 1884 steht noch. Bekanntlich wurde das Dorf Linden 1885 zur Stadt erhoben und legte sich sogar ein eigenes Wappen zu. Erst 1920 wurde Linden nach Hannover eingemeindet, noch in den 70er Jahren fuhren alte Lindener zum Einkaufen »nach Hannover«.

Linden-Süd war einmal die Hochburg der Facharbeiter der Metallwerke. Der Stadtteil hat wesentlich weniger »Szene« als Linden-Nord und gliedert sich in mehrere Teile, die deutlich voneinander getrennt sind: Lindener Berg, von-Alten-Park, das Hanomag-Gelände im Süden und das Wohngebiet östlich der Göttinger Straße.

Am **Lindener Berg**, der mit knapp 90 Metern Höhe seit Menschengedenken ein beliebter Aussichtspunkt ist, begann eine der erstaunlichsten Karrieren Hannovers. Dort legte der Böttchergeselle Johann Egestorff (1772–1834) mit einer Kalkbrennerei den Grund-

➢ Hanomag-Anzeige in den »Fliegenden Blättern«, 1890

stein für die frühindustrielle Entwicklung Lindens. »Kalkjohann«, wie man den Unternehmer etwas jovial nannte, schuf weitere Unternehmen, sein Sohn Georg Egestorff (1802–68) gründete 1835 die Hannoversche Maschinenbau AG, die schon bald mit dem Bau von Lokomotiven großen Erfolg hatte. Bethel Strousberg, der legendäre »Eisenbahnkönig«, baute das Unternehmen nach 1868 zur größten Lokomotivfabrik in Deutschland aus. Nach dem Zusammenbruch des Strousberg'schen Imperiums 1871 nannte man das Werk schlicht »Hanomag«.

Doch wir stehen ja noch am Lindener Berg. Im Blickfeld liegen das Lindener Stadion, das die Kalkabbruchstellen gnädig bedeckt, das Jugendheim, in dem einer der bekanntesten Jazzclubs Deutschlands zu Hause ist, der alte Pavillon auf dem Friedhof, der vermutlich von 1741 stammt und einst das Lusthaus am Königlichen Küchengarten war, der Wasserhochbehälter, der unter seinem Dach die Volkssternwarte birgt, und die nahe Martinskirche unweit des Berges, die die ehemalige Dorfmitte markiert.

Linden wäre nicht Linden geworden, gäbe es nicht die **Familie von Alten** und den **Grafen von Platen**. Die Familie von Alten betrieb hier ein großes Gut, das 1688 an den Grafen von Platen verpachtet wurde. Als Oberfeldmarschall war der Graf einer der mächtigsten Männer des Landes. Er siedelte Weber aus dem Weserbergland an, deren um 1700 gebaute Häuser in der Weberstraße als die ältesten in Linden gelten. Von Platen errichtete ein Schloss und ließ nach dem Beispiel der Herrenhäuser Gärten einen barocken Park samt Garten anlegen, den um 1780 das Schicksal traf, zu einem englischen Landschaftspark umgestaltet zu werden. 1816 kam das gesamte Gut wieder an die Familie von Alten. Das Schloss wurde im Zweiten Weltkrieg zerstört, der Park teilweise dem Westschnellweg geopfert. Aber noch immer ist der von-Alten-Park einen Besuch wert.

Im Süden des Lindener Bergs liegt das große Dreieck des Hanomag-Geländes. Fast alle erhaltenen Bauten stammen aus den Jahren 1898 bis 1918, die repräsentativen Gebäude liegen an der Hanomagstraße, darunter das kuppelbesetzte Verwaltungsgebäude mit der Lokomotive davor. Viele der Hanomag-Bauten stehen heute unter Denkmalschutz und werden von Behörden oder kulturellen Institutionen genutzt, darunter die »Kanonenwerkstatt« (1916/17), die Direktorenvilla (1870) am Deisterplatz sowie die großen Fabrikhallen (1939/40) an der Göttinger Straße. Jenseits der Straße liegt das eigentliche Wohngebiet von Linden-Süd, das kaum Sehenswürdigkeiten zu bieten hat, wohl aber die Atmosphäre eines alten Arbeiterbezirks.

Bahlsen – ein Keks geht seinen Weg

Hätte ein Prophet Hermann Bahlsen am 1. Juli 1889 prophezeit, dass er mit dem Kauf einer kleinen Keksfabrik in der Friesenstraße und mit seiner Idee fabrikgefertigten Dauergebäcks den Grundstein für eine Weltmarke gelegt hatte – er hätte es selbst wohl nicht geglaubt. Man dachte damals nicht an weltweiten Handel, sondern hatte die Händler vor Ort im Visier. Und die waren von den englisch anmutenden »Cakes« und »Biscuits« sehr angetan, zumal die Leute rege kauften. Nach vier Jahren waren in der »Cakesfabrik H. Bahlsen« hundert Mitarbeiter beschäftigt. Der Mode der Zeit entsprechend, suchte Hermann Bahlsen nach dem Namen einer berühmten Persönlichkeit für seine Butterkekse – und kam auf den Begriff Leibniz-Cakes. Und die wurden prompt 1893 auf der Weltausstellung in Chicago mit einer Goldmedaille ausgezeichnet. Salzburg hatte seine Mozart-Kugeln, Hannover seine Leibniz-Cakes.

Das junge Unternehmen brauchte ein klares Firmenzeichen, ein Logo. Das weiße Pferd auf rotem Grund hielt sich nicht lange, das hatten schon zu viele Hannoveraner Firmen auf ihren Produkten. Ein mit Hermann Bahlsen befreundeter Museumsleiter gab den entscheidenden Tip: Die altägyptische Hieroglyphe »dschet« bedeutet »ewig-dauernd«. Für einen Keksfabrikanten war dies das entscheidende Wort: Hermann Bahlsen ließ die Hieroglyphe etwas vereinfacht als Oval mit der Schlange, dem Halbkreis und den drei Punkten darstellen und nannte sie kurz »TET«. Das TET-Zeichen auf rotem Grund prägt bis heute das Firmenlogo, neben dem altvertrauten Namenszug Bahl-

sen, der Unterschrift des Firmengründers.

In den Jahren nach 1900 gelang dem Unternehmen ein steiler Aufstieg. 1905 nahm die »Hannoversche Cakesfabrik H. Bahlsen« die erste Fließbandanlage Europas in Betrieb. Kurz vor dem Ersten Weltkrieg beschäftigte das Unternehmen, das sich nun »H. Bahlsens Keksfabrik« nannte, 1700 Mitarbeiter. Die Produkte gingen in 31 Länder.

Hermann Bahlsen machte sich nicht nur mit Keksen einen Namen. Er förderte nach Kräften die Kunst, indem er Graphiker und Künstler im Unternehmen beschäftigte oder mit Aufträgen versah und Kunst sammelte, unter anderem die Werke von Adolf Hölzel, Willy Jaeckel und Kurt Schwitters. Als der Firmengründer 1919 starb, setzten seine Söhne Werner, Klaus und Hans Bahlsen den erfolgreichen Kurs des Unternehmens fort. So brachte das Haus 1933 die Expressdose auf den Markt, mit einem Pfund Waffelmischung für eine Reichsmark – knapp kalkuliert, aber ein Renner. Zwei Jahre später kamen die Salzletten (Salzstangen), eine Idee aus den Vereinigten Staaten.

Nach dem Zweiten Weltkrieg bekam Bahlsen als erste Süßwarenfabrik in Deutschland eine Exportgenehmigung. Die erste Sendung ging 1950 in die Schweiz, ab 1952 wurden die USA beliefert. Bereits 1956 exportierte das Unternehmen in 74 Länder. Der Umsatz des weltweit operierenden Unternehmens liegt heute bei knapp zwei Milliarden Mark. Bis auf den heutigen Tag wird in der »Bahlsen KG«, so der Name seit Januar 1995, die Tradition hochgehalten: Das Unternehmen ist in Familienbesitz und hat seine Hauptverwaltung wie eh und je in der Podbielskistraße.

www.bahlsen.de

Döhren

Döhren wurde 983 zum ersten Mal erwähnt, womit schon fast alles gesagt ist: Der Stadtteil ist älter als Hannover. Doch Döhren wandelte sich im 19. Jh. vom Bauerndorf zum Industriedorf und wurde 1907 nach Hannover eingemeindet. Ganz im Norden, an der Stadtgrenze Hannovers, steht der Döhrener Turm von 1388, der zur Landwehr gehörte. Auf der anderen Seite der Hildesheimer Straße liegt das Villenviertel Waldhausen aus der Gründerzeit, das nach einem Rittergut benannt wurde. Kurt Schwitters wohnte dort in der Waldhausenstraße, die Villa mit dem ersten MERZBau wurde 1943 zerstört. Im Süden schließt sich das um die Jahrhundertwende errichtete »Neue Viertel« um den Fiedlerplatz an, in dem wohlhabende Handwerker lebten. Der alte Kern des Bauerndorfes lag rings um die Petruskirche, von den Häusern ist nichts erhalten. Nicht weit davon entfernt, am Leineufer, wurde nach 1867 auf dem Grund einer Mühle eine Wollwäscherei aufgebaut, aus der die »Wollwäscherei und Kämmerei AG« entstand. In Döhren hieß sie nur die »Wolle«. Der stark expandierende Betrieb formte das Dorf von Grund auf neu. Beispielsweise wurden katholische Arbeiter aus Eichsfeld eingestellt, die eng zusammenhielten und dem Ort ein katholisches Gepräge gaben. In ihren besten Zeiten, während der 20er Jahre, erstreckte sich die »Döhrener Wolle« vom rechten Leineufer über das »Mühlenknap« bis in die Leinewiesen. 1973 wurde der Betrieb geschlossen, von den alten Gebäuden blieb nur der backsteinerne Uhrturm von 1919 erhalten, der ehemalige Eingang der »Wolle«. Allerdings existiert in der Werrastraße noch eine Arbeiterkolonie von 1872, seinerzeit wegen der Enge »Döhrener Jammer« genannt. Ganz im Süden, gegenüber der Volkswagen-Stiftung, liegt der Wiehbergpark, letzter Rest des Rittergutes Döhren, wo sich der Ziegelei- und Mühleneigentümer Carl Georg Fiedler in den 1890er Jahren ein Herrenhaus samt Park und Kastanienallee anlegen ließ. Nur der Park blieb erhalten.

➢ Der Döhrener Uhrturm

Die Gärten von Herrenhausen

Herrenhausen ist die Zierde Hannovers. Man kann den prachtvollen barocken Garten nur mit Versailles und Sanssouci vergleichen. Wer die Sehenswürdigkeiten der ehemaligen Sommerresidenz der Herzöge, Kurfürsten und Könige von Hannover auch nur annähernd in Augenschein nehmen will, vor allem den Großen Garten mit Orangerie und Galerie, Grotte, Kaskade und der Großen Fontäne, den Berggarten mit seinen Schauhäusern, die Lindenallee und das Herrenhausen Museum, braucht einen Tag Zeit. Aber nun der Reihe nach.
Man verliert angesichts der Pracht Herrenhausens leicht aus den Augen, dass es einmal ein Dorf **Höringehusen** gab, dessen Schicksal sich durch einen herzoglichen Befehl allmählich grundlegend änderte. Im Jahre 1638 erwarb Herzog Georg von Calenberg einige Bauernhöfe des Dorfes, um ein Vorwerk zur Versorgung des Hofes anzulegen. Dort plante Herzog Johann Friedrich, bis in die Haarspitzen seiner Perücke auf absolutistische Prachtentfaltung bedacht, eine Sommerresidenz, für die er 1665 sein Jagdschloss Lauenstadt bei Koldingen, ein Fachwerkhaus, nach Herrenhausen versetzen ließ. Der venezianische Baumeister Lorenzo Bedogni erweiterte das Gebäude um Flügelbauten auf stattliche siebzehn Fensterachsen.

Es sollte später oft umgebaut und erweitert werden; 1820–21 gab ihm Hofbaumeister Laves eine klassizistische Fassade.
Dass Putz und Tünche Fachwerk verbargen, dass unter dem Gold der Putten nichts als Gips und Blei waren, störte damals niemanden. Die Zeit war danach: Flitter, Glanz und Pracht sollten den Besucher blenden und von des Fürsten Macht einnehmen. Mehr Schein als Sein war an absolutistischen Höfen der Normalfall. Wenn in Versailles ein Sonnenkönig herrschte, dann sollte an der Leine zumindest eine kleine Sonne strahlen. In Hannover konnte man mit dem großen Ideal Ludwig XIV. zwar nicht Schritt halten, vor allem nicht beim Bau des Schlosses und in der Hofhaltung, aber was die Gartenanlagen anging, sollte man Versailles doch recht nahekommen.

Ab 1666 plante Michael Große einen Lustgarten mit Heckenquartieren und Parterres südlich des Schlosses. 1673/74 erweiterten Hieronimo Sartorio aus Venedig, Pietro Meccage und Henri Perronet den Großen Garten bis zu den Fischteichen, so dass bereits 1674 französische Komödien und Fackeltänze veranstaltet werden konnten. Ein Jahr darauf wohnte Johann Friedrich erstmals für längere Zeit in seiner neuen Sommerresidenz, die von nun an »Herrenhausen« hieß. Die 70er Jahre des 17. Jh. gelten als die Aufbauzeit Herrenhausens. In dieses Jahrzehnt fielen die ersten Versuche einer Wasserkunst. Aus Italien trafen Orangen- und Zitronenbäumchen für die Orangerie ein, einen schlossähnlichen Bau. Grotte und Große Kaskade wurden 1676 angelegt.

➣ Skizze des Großen Gartens von Herrenhausen mit dem Nouveau Jardin und der großen Fontäne, dem Großen Parterre mit dem Gartentheater und dem Schloss

Seine Glanzzeit erlebte Herrenhausen nach 1679 unter Herzog Ernst August (dem späteren Kurfürsten) und seiner Gemahlin Sophie, der eigentlichen Gestalterin Herrenhausens. Sie berief 1682 den Gärtner Martin Charbonnier nach Herrenhausen, der dem Großen Garten seine (bis heute erhaltene) Gestalt gab und mit Brant Westermann als der eigentliche Erbauer Herrenhausens gilt. Sie stellten 1692 das Gartentheater fertig, das nach den angepflanzten Hainbuchen auch »Heckentheater« genannt wird. Ebenfalls 1692 begann Charbonnier mit der Erweiterung des Großen Gartens nach Vorbildern aus Holland, wo Sophie ihre Jugend verbracht hatte. Bis 1714 wandelte sich der Große Garten vom Quadrat zu einem (leicht verschobenen) Rechteck von 45,5 Hektar Fläche, das von der Graft und den Alleen begrenzt wird und in der Gestaltung streng zweigeteilt ist. Zentrum des neuen Teils, des **Nouveau Jardin**, war die Große Fontäne (1700–21), die aber nicht recht »springen« wollte und Charbonnier und Westermann noch viel Kopfzerbrechen bereiten sollte. Leibniz' großartiger Plan, wie man die schlecht funktionierende Fontäne mit ausreichend Wasser versorgen konnte, wurde vorschnell verworfen. 1698 war die **Galerie** vollendet, 1706 wurden die vier

Sternfontänen in Betrieb genommen. Ein Jahr später entstanden nach Plänen von Remy de la Fosse die beiden Pavillons an den südlichen Eckpunkten. Antonio Laghi und andere Künstler stellten ihre weißbemalten Sandsteinskulpturen auf, die noch heute die Erscheinung des Großen Parterres prägen. Ein Wunder der Gartenkunst nahm Gestalt an.

1714 war die Sommerresidenz Herrenhausen so gut wie vollendet. Als Kurfürst Georg Ludwig nach London ging, um als Georg I. den englischen Thron zu besteigen, wurde es zunächst nicht ruhiger in Herrenhausen. Der neue König schickte englische Fachleute, die für die Versorgung der Großen Fontäne den Ernst-August-Kanal von der Leine her gruben und an dessen Ostende die **Wasserkunst** errichteten – womit man letztlich doch Leibniz' altem Plan folgte. 1721 war es endlich so weit: 36 Meter sprang die Fontäne in die Höhe – bis heute eine der Attraktionen.

In der verlassenen Residenz führte man die letzten Bauvorhaben aus. 1723 wurde die neue **Orangerie** vollendet, 600 Orangen- und Lorbeerbäumchen zogen von der Galerie in den Neubau um. An der Nordwestecke des Großen Gartens wurde 1721 das **Fürstenhaus** errichtet. 1726/27 legte man die »Herrenhäuser Allee« an, eine zwei Kilometer lange Lindenallee.

1727 starb König Georg I., seine Nachfolger verloren das Interesse an Herrenhausen. Im Jahre 1755 war der König ein letztes Mal in Hannover, dann begann die Zeit der großen Ruhe in Herrenhausen. Die Gelder flossen spärlicher, am Ende blieb kaum noch etwas für den Unterhalt der Bauten und Anlagen übrig. Die Gartenanlagen verwahrlosten, dafür kam das Bürgertum, sah sich mit Freude um – und ging nie mehr fort. Dass Herrenhausen keine Residenz mehr war, erwies sich im Nachhinein als großer Segen: Der barocke Große Garten entging so dem Schicksal, der Mode der Zeit entsprechend in einen englischen Landschaftspark verwandelt zu werden.

War Hannover nach 1714 auch keine Residenz mehr, so ließen sich Adel und Regierungsbeamte doch bevorzugt zwischen Steintor und Herrenhausen nieder. Nach dem Ersten Weltkrieg verfiel Herrenhausen zusehends. 1936 erwarb Hannover den Berggarten und den Großen Garten, wo u.a. eine Aussichtsterrasse gebaut und in den Heckenquartieren südlich der Schwanenteiche, der ehemaligen Fischteiche, acht Sondergärten angelegt wurden. Während des Zweiten Weltkriegs wurde Herrenhausen stark zerstört, größter Verlust war das königliche Schloss. 1972–74 musste die Lindenallee, in der Besatzungszeit arg geschunden, vollkommen erneuert werden.

Rundgang durch den Großen Garten

Man nähert sich Herrenhausen am besten zu Fuß (oder in der Kutsche) auf der Lindenallee, die vom Königsworther Platz schnurgerade in Richtung Bibliotheksgebäude am Berggarten führt. Unterwegs hat man viel Zeit zur Muße, immerhin ist die Allee zwei Kilometer lang. Rechter Hand liegt der **Welfengarten**, der en miniature dem Großen Garten entsprach, aber gegen Ende des 18. Jh. in einen englischen Park umgewandelt wurde. Graf von Platen ließ inmitten des Gartens 1717–20 Schloss Monbrillant errichten. Dort erhebt sich heute das **Welfenschloss**, Hauptgebäude der Universität Hannover, vor dem sich seit 1876 das Sachsenross aufbäumt. Linker Hand breitet sich der **Georgengarten** aus, der auf Johann Ludwig von Wallmoden-Gimborn zurückgeht, einen unehelichen Sohn Georgs II. Wallmoden erwarb drei kleinere Adelsgärten und gestaltete daraus den »Wallmodenschen Garten« als englischen Park. 1782 war sein Schlösschen fertig, das **Georgenpalais**, in dem um die Mitte des 19. Jh. König Ernst August samt Gemahlin lebte. Nach dem Zweiten Weltkrieg zog das Wilhelm-Busch-Museum ein. Der »Georgengarten«, der als englischer Landschaftspark in einem augenfälligen Kontrast zum barocken Großen Garten steht, hat rechtzeitig zur EXPO seine Gestaltung der Jahre 1835–42 wiedererhalten.

Unterdessen sind wir am Großen Garten angekommen. Am alten Eingang hängt noch die steinerne Tafel von 1777 mit der Gartenordnung, die den bürgerlichen Besuchern erlaubte, »sich im königlichen garten eine veränderung zu machen« und alle anwies, »die nachtigallen weder zu fangen noch zu stöhren«. Geradeaus sieht man rechter Hand die **Orangerie**, die Hofbaumeister Laves 1819 mit einer klassizistischen Fassade ausstattete. Das Gebäude wird heute für Theateraufführungen, Feste und Ausstellungen genutzt. Links steht die **Galerie** (die alte Orangerie). Prachtvollster Raum ist der langgestreckte Festsaal, dessen Decke mit einem Bandornament geschmückt ist. Zwischen den beiden Gebäuden steht im Sommer der berühmte Granatapfelbaum, der 1653 aus Venedig nach Herrenhausen gebracht wurde.

Am Kassenhäuschen findet man einen Plan des Großen Gartens. Gegenüber beginnt die Graft, die den Großen Garten umgibt. Sie wurde 1696–1700 von Soldaten gegraben, die angeblich von Militärmusik angefeuert wurden. Nach wenigen Schritten ist das **Orangenparterre** erreicht: vier

➣ Galerie und Goldenes Tor in Herrenhausen

Quadrate mit Orangenbäumchen, umgeben von niedrigen Hainbuchenhecken.
Es empfiehlt sich zunächst ein Gang zu den Aussichtspunkten des Großen Gartens. Der erste ist recht nah: die **Große Kaskade**. Von ihr hat man das Große Parterre mit seinen acht Blumenbeeten und der **Glockenfontäne** gut im Blick. Die »Wasserglocke« besteht aus 166 Wasserstrahlen, die bei Dunkelheit angestrahlt werden. Mit dem Rücken zur Galerie stehend lag rechts einmal das Herrenhäuser **Schloss**, exakt in der Achse der Großen Fontäne, der Glockenfontäne und des Mausoleums im Berggarten. 1943 wurde das Schloss zerbombt, seither ist der halbrunde Ehrenhof leer.
Wir passieren die **Grotte**, die 1676 mit Muscheln und Kristallen, Glas und Mineralien ausgeschmückt wurde und als märchenhafter Ort oder ganz praktisch als kühles Refugium bei sommerlicher Hitze diente. Im 18. Jh. entfernte man die Ausschmückung, die Grotte diente fortan als Lagerraum. Im Jahre 1999 erklärte sich **Niki de Saint Phalle** bereit, den brachliegenden Ort neu zu gestalten. Die Künstlerin entwarf eine Zauberwelt aus Spiegel- und Glasmosaiken sowie bunten Polyesterfiguren. Als ein weiteres Highlight der barocken Gartenanlage konnte die jahrhundertealte Grotte im Mai 2003 wieder eröffnet werden. Nachdem der Besucher die von einer Säule getragene Eingangshalle durchschritten hat, tritt er ein in zwei mit Spiegeln und blauem Glas ausgestattete Räume, die die Gegensätze Tag und Nacht, Leben und Kosmos symbolisieren.
Nach der Grotte betreten wir nach links einen Parkweg, der längs des Labyrinths zur **Aussichtsterrasse** führt. Das Labyrinth wurde erst 1937 nach alten Plänen angelegt;

➣ Blick in den Berggarten

rund 500 Meter Hainbuchenhecken wurden dafür verwendet. Von der Aussichtsterrasse hat man insbesondere das »Luststück«, wie das Große Parterre auch genannt wird, im Blickfeld, dahinter Galerie und Orangerie. Beeindruckend sind die 32 weißgestrichenen Sandsteinskulpturen an den Ecken der acht großen Beete. Sie stammen von Antonio Laghi, Christian Georg Vick u.a. Die eckigen Baumreihen zu beiden Seiten der Schwanenteiche, der früheren Fischteiche, sind die **Lindenstücke**, bestehend aus acht Meter hohen, kastenartig geschnittenen Lindenreihen. Weil das Rechteck des Großen Gartens nicht ganz winkelgetreu ist, sondern leicht verschoben, stehen auf dieser Seite sieben Lindenreihen, jenseits der Teiche aber nur sechs.

Unser Weg führt nun zu den 1936 angelegten **Sondergärten**, die an acht Beispielen Gartenkunst zwischen Renaissance und Rokoko zeigen. Man findet dort einen Springwasser- und einen Inselgarten, ein Niederdeutscher Rosengarten bezaubert mit seinen Düften, ein Rasengarten gibt sich asketisch. Jenseits des Rondells lädt ein Rokokogarten zum Besuch ein, der Barockgarten verrät französischen Einfluss, ein Niederdeutscher Blumengarten zeigt bunte Pracht, der Renaissancegarten wiederum liebt das einfache Augenfällige. Man kann dort Stunden verbringen.

Diese Gärten gab es zu Sophies Zeiten also nicht, die Auffassung, Gärten als Museen zu präsentieren, wäre der Zeit fremd gewesen. Dem Barock eher angemessen waren die **Boskettgärten** an der Graft, zu beiden Seiten der Sondergärten gelegen, deren hohe, geometrisch geschnittene Hainbuchenhecken mit ihren langen Gängen und versteckten Nischen der vollkommene Ort für Liebschaften, Vertraulichkeiten und wohl auch so manche Intrige am Hof waren. Sophie Dorothea traf sich hier heimlich mit dem Grafen von Königsmarck.

Boskett- und Sondergärten liegen an der Grenze zum **Nouveau Jardin**. Auf dem Weg zwischen den beiden Armen der Graft pflegte Sophie mit Leibniz zu wandeln. Ihr Denkmal, das die Kurfürstin bezeichnenderweise mit einem Buch in der Hand darstellt, steht an jenem Ort, wo sie am 8. Juni 1714 an Herzversagen starb. Nicht weit davon entfernt findet man die Schlosstreppe, die als einziges erhaltenes Relikt des im Zweiten Weltkrieg zerstörten Gebäudes im Großen Garten aufgestellt wurde. Wohl jeder, der so weit in den Großen Garten vorgedrungen ist, wird nun die **Große Fontäne** aufsuchen, die den Baumeistern und Gartenarchitekten viel Kopfzerbrechen bereitete. 1721 »sprang« die Wassersäule endlich 36 Meter hoch, 1856 trieb man sie mit neuen Pumpen der Egestorff'schen Maschinenfabrik 67 Meter in die Höhe, mit neuen elektrischen Pumpen schaffte sie 1956 sogar 82 Meter, bei Windstille. Die gewöhnliche Höhe heutzutage beträgt etwa 60 Meter. Der Strahl der höchsten Gartenfontäne Europas schießt mit einer Geschwindigkeit von 140 Kilometern in der Stunde in den Himmel, bemerkenswerterweise immer noch aus der kreisförmigen Düse von 1721. Das Gebäude der Wasserkunst mit seinen Pumpen steht nicht weit entfernt am Ernst-August-Kanal, allerdings außerhalb der Graft.

Der Weg längs der Graft führt, vorbei am Boskettgarten und dem Lindenstück, zum **Gartentheater** – dem ältesten Gartentheater Europas, das noch bespielt wird. Fast 600 Besucher finden auf der wie bei einem Amphitheater angelegten Zuschauerfläche Platz. Die grandiose Weitenwirkung wird durch drei Baumaßnahmen erzielt: Die Bühne steigt nach hinten leicht an, sie wird nach hinten schmaler, zudem stehen die goldbemalten Skulpturen hinten enger beisammen als vorn. Die Schauspieler treten von der Seite aus den Heckenreihen hervor. In der goldenen Zeit Herrenhausens wurden hier vor allem Stücke von Molière und Racine gespielt, Georg Friedrich Händel, der »Kurfürstlich Hannöversche Hofkapellmeister«, komponierte hier seine »Wassermusik« und die »Feuerwerksmusik«. Durch den **Königsbusch** und das **Goldene Tor** erreicht man das Orangenparterre, Ausgangspunkt des Spazierganges.

Der Berggarten

Auf der anderen Seite der (neuen) Herrenhäuser Straße liegt der **Berggarten**, der 1666 als Küchengarten zur Versorgung des Hofes angelegt wurde. 1677 entstand das erste, mit Kachelöfen beheizte Gewächshaus, zehn Jahre später das erste Kräuterhaus. Da Herzogin Sophie sehr an fremdartigen Pflanzen interessiert war, zudem der Hof intensiv versuchte, ausländische Nutzpflanzen einzubürgern, wurden zahlreiche Arten aus aller Welt importiert. 1678 trafen zum Beispiel japanische Chrysanthemen ein, die über Holland eingeführt worden waren. Ananas und Melonen glaubte man züchten zu können, 1686 versuchte man sogar den Anbau von Reis, ohne Erfolg. Auch Tabak wurde angepflanzt. Erfolgreich war die Maulbeerplantage, die nach 1706 für die gewinnbringende Seidenraupenzucht in Hameln angelegt wurde. Die Bäumchen wurden unter Napoleon vernichtet.

Mitte des 18. Jh. verschwanden die Nutzpflanzen aus dem Berggarten, die Versorgung des Hofes übernahm der Küchengarten in Linden. Mehr und mehr wurde der Berggarten zu einem nach botanischen Prinzipien angelegten Schaugarten mit einer systematischen Pflanzensammlung umgestaltet. 1849 errichtete Laves ein Palmenhaus, das schon kurze Zeit später Europas bedeutendste und artenreichste Palmensammlung barg. Hofgärtner Hermann Wendland, jüngster Spross einer Gärtnerdynastie, sammelte in aller Welt Pflanzen und ebnete so dem Usambaraveilchen und der Flamingoblume den Weg nach Europa. 1880 wurde das **Große Palmenhaus** von Richard Auhagen errichtet, ein über 30 Meter hohes Meisterwerk der Architektur aus Gusseisen und Glas mit Fontänen und Galerien. Es wurde im Zweiten Weltkrieg zerstört. Im März 2000 konnte als EXPO-Projekt nahe der Herrenhäuser Straße das **Regenwaldhaus** eröffnet werden, das die Tradition des Großen Palmenhauses fortsetzte. Unter einem ovalen, 18 Meter hohen Glasdom, der als riesiges Blatt strukturiert ist, traten die Besucher in einen tropischen Urwald mit 6000 Pflanzenarten ein – mit Ananasgewächsen, Bromelien und Orchideen, Palmen, Baumfarnen, Bambus und Würgefeigen. Ende Februar 2007 eröffnete im Regenwaldhaus **Sea Life Hannover** und präsentiert eine maritime Erlebniswelt mit über 5000 Lebewesen aus 100 Arten in 30 Becken (siehe Seite 122).

Um in den Berggarten zu gelangen, muss man zunächst die Front des **Bibliotheksgebäudes** abgehen. Der freundliche, pavillonartige Bau wurde 1817–19 von

Hofbaumeister Laves errichtet. Die **Schauhäuser** liegen unmittelbar hinter dem Gebäude. Zunächst stößt man auf das Kakteen-, Tropen- und das Orchideen-Schauhaus, dahinter liegen der Irisgarten, der Stein-, Wüsten- und Pergola-Garten sowie das Kleine Schauhaus. Wem nicht der Sinn nach Treibhäusern steht, findet im weiten Park viel Abwechslung, z.B. im zentral gelegenen **Paradies,** das 1834 für die farbenprächtigsten der großblütigen Gehölze angelegt wurde, vor allem Magnolien, Rhododendren und Japanische Azaleen. Markantestes Gebäude ist das **Mausoleum**, das 1842-47 nach Plänen von Laves in der Achse der Großen Fontäne und des Schlosses errichtet wurde. Königin Friederike und König Ernst August wurden dort beigesetzt (kein Zutritt).

Die alte Herrenhäuser Straße

Doch Herrenhausen hat noch mehr zu bieten. Zum Beispiel die eigentümliche Stimmung der alten Herrenhäuser Straße. Das historische Pflaster, die Bäume und die erhaltenen Gebäude aus dem 18. Jh. verleihen ihr ein Ambiente, wie man es sonst in Herrenhausen nicht noch einmal findet. Wenn eine vierspännige Kutsche mit der Kurfürstin Sophie und Leibniz vorführe, es würde einen nicht allzusehr wundern. Hier standen einst die Höfe der Bauern von Höringehusen, deren Leben sich unter dem Einfluss der Sommerresidenz bis zur Unkenntlichkeit veränderte. Bauern, die ihren Stall ausmisteten und Felder pflügten, machten Karriere als ordentlich bestallte Entenmeister, Schwanenwärter und Maulwurffänger.

Nun aber zu den Bauten. Das **Pagenhaus** (Nr. 6) stammt von 1711/12, daneben steht der **Bauspännerstall** (Nr. 8), in dem Bedienstete wohnten. Das **Hardenbergsche Haus** (Nr. 10) wurde 1747-50 für den Gartendirektor errichtet. Das **Fürstenhaus** (Nr. 4), 1721 für die Gräfin Delitz, Tochter Georgs I., erbaut, beherbergte nach 1866 die Porträtgalerie des gesamten Hauses Braunschweig-Lüneburg.

Herrenhäuser Gärten, Herrenhäuser Str. 4, 30419 Hannover, Tel. 0511/168-47576.
Öffnungszeiten: 1. Mai–31. Aug. tägl. 9–20 Uhr, Schauhäuser 9–19 Uhr; übrige Jahreszeit: 9 Uhr bis zum Anbruch der Dunkelheit, die Schauhäuser schließen dann jeweils 30 Min. vor den Gärten. Öffnungszeiten der Grotte: 1. Mai bis 31. Aug. 9–19.30 Uhr, April, September bis Mitte Oktober: 9 Uhr bis zum Anbruch der Dunkelheit, in der übrigen Jahreszeit nur So und feiertags 12.30–15.30 Uhr.
www.hannover.de/herrenhausen/

Sea Life Hannover

Im ehemaligen Regenwaldhaus, das äußerlich nicht verändert wurde, eröffnete Ende Februar 2007 Sea Life Hannover mit einer großen Aquarienschau durch die tropischen Meere. Entsprechend dem Motto »Von der Leine über die Karibik zum Amazonas« werden die Besucher von der heimischen in tropische Unterwasser-Erlebniswelten geführt.

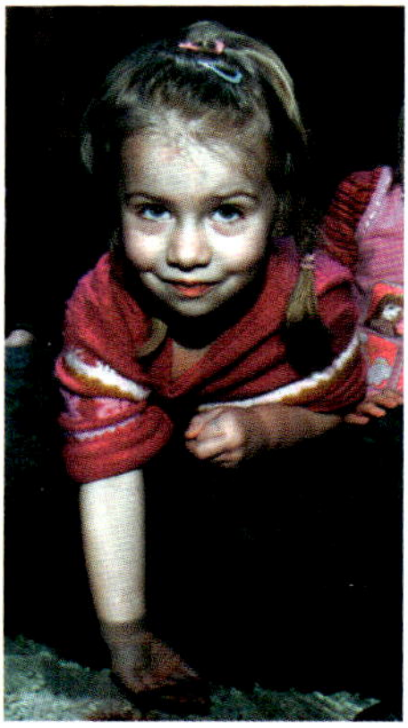

➢ Angenehm? Eine Putzergarnele krabbelt auf der Hand eines Mädchens

In 30 Aquarien sind rund 100 Arten mit über 5000 Lebewesen versammelt, darunter Schwarzspitzen-Riffhaie, Mützen-Hammerhaie, Stechrochen, karibische Piranhas, Papageienfische, Igelfische und – last but not least – zwei Suppenschildkröten.

Größte Attraktion ist das 320 000 Liter fassende **Ozeanbecken**, das sich in einem acht Meter langen Glastunnel begehen lässt. Nur fünf Zentimeter Acrylglas trennen die Besucher von gefährlichen Haien, die trotz der Aufmerksamkeit hunderter Besucher ungerührt ihre Bahnen ziehen. Täglich werden kommentierte Schaufütterungen veranstaltet.

Die Tierwelt wird von wissenschaftlich ausgebildeten Fachleuten betreut. Hauptaugenmerk gilt der Wasserqualität, das aus Leitungswasser unter Zusatz von Salzen, Vitaminen und anderen lebenswichtigen Stoffen selbst hergestellt wird. Die je nach Erlebniswelt sehr verschiedenen Eigenschaften des Wassers werden ständig überwacht. Allein für das große Ozeanbecken wurden fast zehn Tonnen Salze verwendet. Die Aufzucht der Tiere findet in Südengland statt.

Sea Life Hannover hält noch eine Überraschung bereit. Obwohl das **Regenwaldhaus** geschlossen wurde, blieb fast der gesamte tropische **Regenwald** im Dom mit 6000 Pflanzenarten erhalten, der dem Großaquarium das passende Ambiente verschafft. Kurz gesagt, das Regenwaldhaus ist tot, es lebe das Regenwaldhaus.

Sea Life Hannover
Herrenhäuser Str. 4a
30419 Hannover
Öffnungszeiten: tgl. 10–18 Uhr
Tel. 0511/12330-0
www.sealifehannover.com/

➢ Immer wieder beeindruckend: der »Flug« des amerikanischen Stechrochens

➢ Das Welfenschloss, Hauptgebäude der Leibniz Universität Hannover, im Vordergrund das »Sachsenross«

Universitätsstadt Hannover

Mögen die vier »Hochschulen« Hannovers – und zwar die Hochschule für Musik und Theater, die Tierärztliche Hochschule, die Medizinische Hochschule und die Fachhochschule – noch so renommiert sein, es gibt nur eine »Universität Hannover«, die »Uni«. Wer in der Niedersächsischen Landeshauptstadt etwa noch nach der berühmten **Technischen Universität** suchen sollte, ist von gestern: 1978 wurde aus der »TU Hannover« die »Universität Hannover«, seit 2007 nennt sie sich **Leibniz Universität** Hannover. Wie ein Riegel erstrecken sich die zahlreichen Gebäude der Universität Hannover vom Königsworther Platz nach Nordwesten bis Garbsen – und zwar mitten durch eines der angesehensten Wohngebiete, in dem sich seit dem 18. Jahrhundert der Adel und hohe Bediens-

tete niederließen, um dem Hof in Herrenhausen nahe zu sein. Die Parade der vier citynahen Uni-Bereiche beginnt am **Königsworther Platz**, der vom ehemaligen Conti-Haus überragt wird, Refugium der Geisteswissenschaftler an der technikgeprägten Universität Hannover. Es folgt der Uni-Bereich Welfengarten, dessen Mittelpunkt das ehemalige **Welfenschloss** mit dem **Sachsenross** vor dem **Hauptportal** ist, es dient heute als Hauptgebäude der Universität. Im ehemaligen »Schloss« und in der unmittelbaren Nachbarschaft sind die wichtigsten Uni-Institutionen untergebracht, z.B. die Technische Informationsbibliothek/Universitätsbibliothek (TIB/UB). Hinter dem Welfenschloss breitet sich der **Welfengarten** aus, durch den man den dritten Uni-Bereich Schneiderberg erreicht. Dort findet man u.a. die 1981 errichtete, hochmoderne Mensa. Vierter Uni-Bereich ist »Herrenhausen«. Diese vier Uni-Zentren längs der Nienburger Straße sind gut mit den Stadtbahnlinien 4 und 5 zu erreichen. Im Südosten der City findet man den Uni-Bereich Bismarckstraße, im Nordwesten den Wissenschaftspark sowie den Uni-Bereich Garbsen mit dem Produktionstechnischen Zentrum und dem Unterwassertechnikum sowie den Uni-Bereich Marienwerder.

Die wichtigsten Teile der Leibniz Universität Hannover liegen also recht überschaubar beieinander. Das war nicht immer so. Die Universität hatte jahrzehntelang unter einer »Streulage« der Gebäude über die ganze Stadt zu leiden. Noch in den 70er Jahren war die Lage wenig ermutigend. In den 80er Jahren begriff die Verwaltung die verfahrene Lage als Herausforderung und packte die Probleme entschieden an, indem sie eine »Hochschulentwicklungsachse« schuf, deren Ergebnis die vier citynahen Universitätsbereiche sind (siehe oben). So konnte die 1965 mit einem neuen Gebäude ausgestattete TIB/UB 1986 das umgebaute Marstallgebäude beziehen und erhielt 1991 einen dringend benötigten

Erweiterungsbau. Die neue **Mensa** wurde 1981 am Schneiderberg gebaut, in das ehemalige Conti-Hochhaus zogen 1995 die Geisteswissenschaftler ein – um nur einige Umgestaltungen zu nennen. Viele Institute liegen nun fußnah beieinander. Und wer vom Conti-Haus zum Hauptgebäude will, wählt nicht selten den zauberhaften Weg durch die lange Lindenallee von Herrenhausen.

Die Leibniz Universität Hannover ist in **neun Fakultäten** gegliedert, die den rund 23 000 Studentinnen und Studenten an 160 Instituten 50 Studiengänge anbieten. Das Spektrum reicht von den Natur- und Ingenieurwissenschaften über Geistes- und Sozialwissenschaften bis zu Rechts- und Wirtschaftswissenschaften. Schwerpunkt der Leibniz Universität Hannover sind traditionell die Natur- und Ingenieurwissenschaften, die von der Deutschen Forschungsgemeinschaft durch mehrere interdisziplinäre Sonderforschungsprogramme gefördert werden. So hält Hannover weltweit eine Spitzenposition in der Messung der Ausbreitung von Gravitationswellen im All. Maschinenbauer der Universität beschäftigen sich in dem 1997 errichteten Unterwassertechnikum u.a. mit dem Rückbau kerntechnischer Anlagen. Besonders den Technikern, Ingenieuren und Naturwissenschaftlern steht eine ausgezeichnete Infrastruktur zur Verfügung. An erster Stelle ist da die Technische Informationsbibliothek/Universitätsbibliothek zu nennen, die die Aufgabe einer nationalen Zentralbibliothek für Technik und Ingenieurwissenschaften sowie für Chemie, Informatik, Mathematik und Physik versieht. Sie kann auch online nach Literatur durchsucht werden (*www.tib.uni-hannover.de*). Das Regionale Rechenzentrum Niedersachsens (RRZN) steht allen Instituten für Rechenoperationen zur Verfügung und ist im Internet mit einem ausgezeichneten Suchangebot vertreten (*meta.rrzn.uni-hannover.de*). Beide stehen – nicht nur im Internet – auch externen Benutzern offen.

Rund 23 000 Studenten zählt die Leibniz Universität Hannover heute. Dabei fing alles klein bei klein an. Im Jahre 1831 wurde die **Höhere Gewerbeschule** in der Georgstraße gegründet, deren Vorbild die französische École Polytechnique von 1794 war. Zu ihrer Zeit war die Gründung bahnbrechend, ähnliche Einrichtungen gab es nur in Wien und Paris. Ihr erster Direktor war der Österreicher Karl Karmarsch, der die Schule bis 1871 leitete und dessen Denkmal in der Georgstraße unweit der Oper steht. Bereits 1847 wurde die Anstalt – nicht zuletzt aufgrund der stürmischen Entwicklung des Eisenbahnwesens – zu einer »Polytechnischen Schule« ausgebaut, die 1879 – gerade rechtzeitig in »Königlich Technische Hochschule« umbenannt – das Welfenschloss bezog. Mit dem 1899 erlassenen Promotionsrecht wurde die Technische Hochschule den Universitäten im Deutschen Reich gleichgestellt. In den Jahren vor dem Ersten Weltkrieg erfuhr die Technische Hochschule – entsprechend der Bedeutung der Physik im Deutschen Reich – eine immense Vergrößerung. Die Jahre nach dem Zweiten Weltkrieg brachten zunächst keine strukturellen Veränderungen, obwohl 1949 die Schiffstechnik in Hannover angesiedelt (heute an der Technischen Universität Hamburg-Harburg) und 1952 die **Fakultät für Gartenbau** und Landeskultur gegründet wurde. Der Wandel kündigte sich mit dem Beschluss der Landesregierung an, die Lehrerausbildung auszubauen. 1968 wurde eine Geistes- und Staatswissenschaftliche Fakultät eingerichtet, die Technische Hochschule erhielt nun den Namen »Technische Universität«. 1973 wurde die Rechtswissenschaftliche Fakultät gegründet, ein Jahr später die Wirtschaftswissenschaftliche Fakultät. 1978 folgte die Eingliederung der Pädagogischen Hochschule Niedersachsen, Abteilung Hannover. Zusammen mit dem Inkrafttreten des **Niedersächsischen Hochschulgesetzes** am 1. Oktober 1978 erhielt die Technische Universität den Namen »Universität Hannover«, seit Juli 2006 nennt sie sich **Leibniz Universität Hannover**, nach dem Universalgelehrten Gottfried Wilhelm Leibniz, der 40 Jahre seines Lebens in Hannover gewirkt hat.

Die Universität ist nicht nur für Studierende da. Mit »uni transfer« wurde eine Kontaktstelle geschaffen, die den Austausch zwischen Wissenschaft und Wirtschaft stärken soll. Besonders kleine und mittlere Unternehmen können so vom praxisorientierten Know-how der Wissenschaftler sehr viel früher profitieren. Nicht zuletzt deshalb ist die Universität auf allen Messen in Hannover präsent, was die Kontaktaufnahme sehr erleichtert.

Die Leibniz Universität Hannover hat ein reichhaltiges Angebot für das studentische Leben. An erster Stelle ist da das Zentrum für **Hochschulsport** (ZfH) zu nennen, das 70 Sportarten anbietet. Die Akademische Fliegergruppe trainiert auf dem Flugplatz Oppernhausen bei Celle, der Akademische Seglerverein unterhält in Mardorf am Steinhuder Meer ein Vereinsheim. Big-Band, Hochschulchor, das Collegium Musicum (Sinfonie-Orchester), die foto ag, die im Selbstverlag erscheinende Zeitschrift »Z« der Geisteswissenschaftler, die English Theatre Group, der Literarische Salon – dies sind nur einige Angebote für die Studentinnen und Studenten, die Freizeit innerhalb der Universität zu gestalten. Das Angebot wird rege und intensiv genutzt.

Leibniz Universität Hannover
Welfengarten 1
30167 Hannover
Tel. 0511/762-0, Fax 762-3456
www.uni-hannover.de

Im Erlebnis-Zoo

Der Zoo in Hannover hat vor kurzem einen grundlegenden Neubeginn gewagt, der Aufsehen und Unruhe erregt hat. Inzwischen hat sich die Aufregung etwas gelegt, die meisten Skeptiker sind schon überzeugt worden. Das neue Konzept lautet: Die Zeit der gekachelten Tierquartiere ist vorbei, die grauen, trostlosen Betonberge sind passé. Tiergruppen werden jetzt in exotischen Landschaften (»Erlebniswelten«) gezeigt, deren Einfallsreichtum und Ausarbeitung

➣ Zwei Löwen, die Könige der Tierwelt, unter sich

verblüfft. Vier große Komplexe konnten inzwischen verwirklicht werden: der tempelartige Dschungelpalast, der Reminiszenzen an Indien wachruft, der Gorillaberg mit einer Höhle für Besucher, der Bauernhof und die Sambesi-Landschaft.

Natürlich geht es auch hier um Illusion und Schein. Doch die Illusionsarchitektur ist so täuschend echt und bis ins kleinste Detail durchdacht, dass der Besucher sich mitten in der Landschaft glaubt. Er wird förmlich in sie hineingezogen. Im **Dschungelpalast** erwecken

➢ Indische Elefanten haben Besitz vom Dschungelpalast ergriffen

der halbverfallene Tempel, der vorgelagerte Palastgarten, die abgebrochenen Säulen, die Mauervorsprünge und die Arkaden die Illusion, als hätten die Menschen vor langer Zeit ihr Fleckchen Erde aufgeben müssen. Dann kamen die Tiere und eroberten Meter für Meter ihr Terrain wieder zurück. Angesichts all des zerbrochenen Menschenwerks scheint die Natur stärker als die Zivilisation zu sein. Den Elefanten, Tigern und Leoparden, den Pythonschlangen und den Hulman-Affen, die in diesem Dschungelpalast leben, wird die täuschend echte Illusion ziemlich gleich sein – aber nicht den Besuchern. Und die sind – ob jung oder alt – fast ohne Ausnahme begeistert.

➢ Der sibirische Tiger, größte Raubkatze der Welt

Zweites Beispiel ist der **Gorillaberg**. Gewiss, eine Felsenlandschaft, aber was für eine! Keine Gitter, eine Wirkung von Weite fast ohne Grenzen stellt sich ein. Da gibt es tatsächlich ein Ausgrabungsfeld mit Knochenresten von Urmenschen. Und das heruntergekommene Lager einer Forschungsgruppe mit einem Zelt, einem verrotteten Landrover, Kanistern und alten Autoreifen – als ob die Wissenschaftler vor kurzem ihr Camp

hatten aufgeben müssen. Der Besucher sieht aus der Höhle heraus durch eine Glaswand den Gorillas zu, als wären die Tiere in Freiheit, der Besucher aber gefangen. Und wieder hat man den Eindruck: Die Tiere kamen zurück und nahmen Besitz von der Erde. Die Gorillas jedenfalls stört es nicht, dass die Besucher begeistert sind.
Allmählich begreift man: Es gibt mehr als gewöhnlich zu erleben. Der Zoo erreicht hier eine neue Qualität. Da wird Evolutionsgeschichte dargestellt, als Panorama, zum Greifen nah. Man würde am liebsten durch die Glaswand marschieren, zu den Tieren, und sich alles von ganz nah und noch genauer ansehen.

Am Rande des Zoo-Geschehens hat sich ebenfalls viel getan. Die exakten, nüchternen, stets etwas belehrenden Schildchen an den Käfigen wurden ersetzt, sie erzählen nun den Besuchern kleine Geschichten, z.B. über »einen Tag im Leben der Gibbons«. Zoo-Scouts veranstalten kleine Rallyes für Kinder, Tiergesichtermalen steht hoch im Kurs.
Zoo war doch schon immer etwas zum Gucken und zum Staunen, melden sich die Zweifler zu Wort. Doch nun sieht man zweimal hin und begreift: Das da und jenes hatte man *so* noch nie gesehen. Und man erkennt den harten Unterschied zwischen dem alten Zoo hinter Gitterstäben und dem neu-

➢ Eine Giraffe beim Studium der Besucher. Die Flusslandschaft Sambesi ist eine der großen Attraktionen des Zoos

en, dem verwunschenen Tierpanorama. Der Unterschied ist deshalb so auffällig, weil der Erlebnis-Zoo Hannover mitten in einem grundlegenden Umbruch begriffen ist. Alt und Neu stehen sich noch hart gegenüber. Man ist gespannt, was sich die Zoo-Macher sonst noch einfallen lassen.

Ein Großprojekt des »neuen« Zoos war die Realisierung der Flusslandschaft **Sambesi**, die den Besucher die Fauna Afrikas erleben lässt, als wäre er auf freier Wildbahn. Seit Jahren schon ist gerade dieser Teil der Renner schlechthin. An die Savannenlandschaft mit Löwen, Zebras und Antilopen schließen

➢ »Yukon Bay« heißt die neue Alaska-Erlebniswelt des Zoos

der Hippo-Canyon und die Giraffen-Lodge an. Von der »Handelsstation« können seit April 2000 die Besucher per Boot die Flusslandschaft des Sambesi entlangfahren – nur ein Geröllstreifen trennt sie von den Nashörnern –, bevor sie über den Livingstone-Pfad Afrika zu Fuß erkunden.

Das neueste Großprojekt ist **Yukon Bay**, die Gestaltung einer Alaska-Landschaft. Die Besucher erreichen die Arktis-Region durch einen Bergwerksstollen mit knarrenden Bretterböden und betreten zunächst eine Taigalandschaft, in der ein Rudel Wölfe interessiert eine Karibu-Herde beäugt. Nach einer Goldmine folgt der Hafen

➢ Blick auf Meyers Hof, den Restaurant-Trakt

von Yukon Bay, in dessen Becken sich Robben tummeln, mit täglicher Robbenshow. Nebenan, in einer Tundralandschaft, liegt das Revier der Eisbären. In einem auf Grund gelaufenen Schiff haben sich Pinguine eingerichtet, denen Hannover den Ruf verdankt, der »nördlichste Pinguin-Zoo der Welt« zu sein. Alle Tiere in diesem Schiff können unter Wasser beobachtet werden.

Am Ende, nach all den »Erlebniswelten«, kommen die Besucher hungrig und durstig in **Meyers Hof** an, dem Zoo-Restaurant – und sind doch wieder mitten drin in einer neuen Welt der Erlebnisse. Meyers Hof ist der Zoo-Bauernhof, der mit sieben historischen Fachwerkhäusern eine dörfliche Atmosphäre mit seltenen Nutztieren schafft. Wenn die Zoo-Gäste sich stärken, schauen ihnen dabei Rotbunte Husumer Protestschweine, rauwollige Pommersche Landschafe und sturmfeste Exmoor-Ponys fast auf den Teller. Bleibt die Frage, wer da wen beobachtet.

Zoo Hannover
Adenauerallee 3
30175 Hannover
Tel. 0511/28074-163
www.zoo-hannover.de
Öffnungszeiten: März–Okt. 9–18 Uhr, Nov.–Febr. 10–16 Uhr
Anfahrt: Stadtbahnlinie 11 und Buslinien 128 und 134

Radtouren

Rund um den Maschsee

Der Maschsee hat für jeden Geschmack etwas zu bieten: Rummel und Ruhe, Schwimmen und Segeln, Radfahren, Spazierengehen und Inline-Skaten. Die stillste Seeseite ist das Westufer, die schmalen Seiten im Norden und Süden sind die lautesten, am Ostufer herrscht gediegener Trubel: Man führt seinen Hund aus und geht ins Museum.
Eine Radtour rund um den Maschsee ist für einen Sonntagmorgen genau das Richtige, sofern der Verkehr der Radfahrer und Inline-Skater nicht allzusehr stört. Beginnen wir die Tour am Sprengel Museum, beim »Fackelträger«, und radeln längs des Arthur-Menge-Ufers in Richtung Niedersachsenstadion. Die Palmen erinnern einmal mehr an die große Tradition der Palmensammlung im Berggarten im 19. Jh. Die Zuschauerränge des Stadion-Ovals wurden auf 2,5 Millionen Kubikmetern Kriegstrümmern errichtet. Hinter dem Hotel – früher war hier auch das Casino untergebracht – biegen wir links in den asphaltierten Karl-Thiele-Weg ein

➢ Links:
Poesie der Stadtlandschaft: Maschteich, Maschsee, die schmale Silhouette des »Fackelträgers« und das Stadionbad (rechts hinten)

➢ Unten:
1934 bis 1936 legten Arbeiter den Maschsee an

(der Uferweg ist den Fußgängern vorbehalten).
Der **Maschsee** liegt innerhalb der Leineauen. Um die ständig drohende Gefahr der Überflutung Hannovers durch die Leine einzudämmen, wurde der jahrzehntealte Plan des Maschsees 1934–36 im Rahmen nationalsozialistischer Arbeitsbeschaffungsmaßnahmen verwirklicht. Das 2,5 Kilometer lange, bis zu 565 Meter breite Seebecken wurde aber nicht ausgegraben, sondern dem Gelände wie eine flache Wanne mit Hilfe von Dämmen »aufgesetzt«.
Hinter den Maschsee-Gaststätten wird es ruhiger. Rechts fließt die Leine, linker Hand schimmert der Maschsee durch die Bäume. Einige Clubhäuser liegen am See, nach rechts zweigt der Schnelle Graben ab. Hinter dem »Hannoverschen Ruder-Club v. 1880 e.V.« trifft man links am Ufer auf das »Fährhaus«, ein Café mit Biergarten, klein und gemütlich. Hier legen auch die weiß-grünen Schiffe der ÜSTRA an, die auf dem Maschsee verkehren.
Wir radeln weiter auf dem Karl-Thiele-Weg am Maschsee entlang und erreichen die schmalste Stelle des Gewässers. Gegenüber, am Ostufer, liegt die Freie Waldorfschule. Hinter dem Pumpwerk an der Schwienbrücke wird es langsam wieder städtischer, DLRG-Zentrum, Maschsee-Biergarten und das Strandbad sind schnell erreicht. An der Kreuzung geht es links weiter, in Richtung Norden. Hier liegt das renommierte Restaurant »Insel«, gegenüber führt ein sehr empfehlenswerter Radweg zur Eilenriede. Der breite Radweg längs des Rudolf-von-Bennigsen-Ufers ist stark befahren, rechter Hand liegt der Stadtfriedhof, dann folgen zahlreiche Institutionen, darunter der NDR und das ZDF-Landesstudio Hannover. An der Löwenbastion kann man ausgezeichnet rasten, hier gibt es Bänke, eine Yachtschule mit Bootsverleih, ein Restaurant – und immer etwas zu gucken. Kurz darauf ist das Sprengel Museum erreicht.

Ricklinger Teiche

Die Ricklinger Teiche südlich des Maschsees gehören zu den beliebtesten Naherholungsgebieten Hannovers. Es gibt keine bessere Art, dorthin zu gelangen, als mit dem Fahrrad. An sonnigen Wochenenden sind allerdings Tausende dorthin unterwegs, gut ausgerüstet mit Badesachen und Picknickkorb. An Wochentagen hingegen kann man sich seinen bevorzugten See aussuchen – und ungestört die Natur genießen.
Die **Ricklinger Teiche** gehören zu den Mittleren Leineauen und entstanden durch Kiesabbau, der in den 50er Jahren gestoppt wurde. Seither werden die Leineauen nur noch von Bauern und für die Wassergewinnung genutzt. Als Badeseen stehen sie in der Beliebtheit ganz oben, vor allem das Freibad Ricklinger Masch (»Kiesteich-Riviera«) am Ende der Beekestraße in Ricklingen. Das bunte Treiben

➣ Am Maschsee

dort ist allerdings manchem Zeitgenossen zu laut.
Start der Radtour ist das Westufer des Maschsees. Gegenüber dem Café-Biergarten »Fährhaus« biegt der Ohedamm nach Westen ab, ein ausgezeichneter Radweg zu den Ricklinger Teichen. Rechter Hand fließt der **Schnelle Graben**, der 1738–45 von der Leine zur drei Meter tiefer gelegenen Ihme gegraben und mit einem Wehr ausgestattet wurde. Es ist das älteste erhaltene Wasserbauwerk der Stadt. Damit wollte man zum einen den städtischen Mühlen einen gleichbleibend hohen Wasserstand sichern, zum anderen aber Hannover vor dem Hochwasser der Leine schützen. Das heutige Wasserkraftwerk stammt von 1922.
Auf dem Ohedamm, der den Maschsee mit Ricklingen verbindet, radeln wir 200 Meter nach Westen, dann biegen wir links in einen Radweg nach Süden ein, durch die Nördliche Ricklinger Masch. Eine Tafel informiert über die Fauna und Flora der Umgebung. Kurz darauf beginnen die ersten Teiche. Wir unterqueren die Brücke der Bahnlinie Hannover–Altenbeken, die 1872 eröffnet wurde, und erreichen die »Freibadeteiche Ricklinger Masch«.
Das beste Stück kommt aber noch. Wir unterqueren den Südschnellweg, die Teiche zu beiden Seiten lassen wir hinter uns. An der nächsten Kreuzung wird es interessant: Rechts erstreckt sich ein großer Teich, dessen Westufer ausgesprochen lieblich ist, aber auch das Ostufer ist sehr einladend. Alle paar Meter findet man lauschige Plätze an den Ufern.
Ganz gleich, ob man das West- oder das Ostufer bevorzugt, beide Ufer-

➣ An den Ricklinger Teichen, dem Naherholungsparadies in Hannover

wege führen zur Döhrener Straße bzw. zu deren Verlängerung, der Brückstraße, die nach Osten geradewegs Döhren erreicht. Das wäre ein geeigneter Rückweg in die Innenstadt – mit einem Zwischenstopp am ehemaligen Uhrenturm der Döhrener »Wolle«. Am Beginn von Döhren biegt man rechts in die Frobösestraße ein, die zur Petrikirche führt. Von der Frobösestraße und der Straße Am Lindenhofe kommt man nach rechts zum Uhrenturm und zum Leineweber-Denkmal von 1893. Geradeaus erreicht man die Insel mit dem Brückenhaus, wo früher die berühmte Mühle von Döhren stand.

Als Rückweg empfiehlt sich die Verlängerung der Frobösestraße, die geradewegs zum Rudolf-von-Bennigsen-Ufer am Maschsee führt.

Eilenriede

»Um die Stadt in weitem Bogen grünte der dichte Ring von Busch und Wald, genannt die Eilenriede, ursprünglich wohl das Ellern-Ried. (...) Von drei Seiten wuchs der Wald bis in die Gassen der Stadt und ließ nur an der vierten Seite, nach Süden zu, eine Ebene offen, die sogenannte Masch ...«, schrieb in den 20er Jahren Theodor Lessing. Die Eilenriede liegt jedem Hannoveraner nah am Herzen, was kein Wunder ist, gehört der große Wald doch seit 1371 der Stadt – als Lohn für die Hilfe im Lüneburger Erbfolgekrieg. Die Bewohner schlugen in der Eilenriede ihr Holz für Hausbrand und Häuserbau, mästeten ihre Schweine, und die Gerber besorgten sich dort Rinde. Mitten hindurch fließt der Landwehrgraben, der Reisende zwang, in die Stadt zu kommen – und sie nicht zu

umgehen. Heute zerlegt der Messeschnellweg den großen Wald, was an der Beliebtheit der Eilenriede aber nichts geändert hat.
Die Radtour führt vom Lister Turm, einer Nachbildung des alten Bauwerks der Landwehr, zum Hermann-Löns-Park. Längs der Bernadotte-Straße fahren wir zunächst nach Osten, beim Schild »Kleefeld, Pferdeturm«, dem zweiten Weg, biegen wir links ab. Wir fahren rechts auf dem Asphaltweg weiter und halten uns an der Gabelung halb links. Wir überqueren die Gehägestraße am Zoo und fahren geradeaus (Asphaltweg) in den Wald hinein. Der Weg wurde im Jahre 1900 eigens für Radfahrer angelegt, die damals noch eine Gebühr bezahlen mussten. Bei den Fußballplätzen halten wir uns links. Eine recht steile Brücke führt über den Messeschnellweg. Unmittelbar danach halten wir uns halb rechts, erreichen Kleefeld, unterqueren die Bahnlinie, fahren beim Eis- und Rollschuh-Stadion über die Scheidestraße - rechts liegt der alte Pferdeturm - und erreichen die südliche Eilenriede. Dort führen drei Wege nach links in den Wald. Wir wählen den mittleren, einen Asphaltweg. Er führt - an der Gabelung links halten - nach Osten zur Kirchröder Straße, die wir überqueren. Geradeaus geht es in den Hermann-Löns-Park hinein, dann biegen wir links zum Restaurant »Alte Mühle« ab.
Die Lücke zwischen der Eilenriede und dem Tiergarten wurde 1936 durch den **Hermann-Löns-Park** geschlossen, mit dem der Versuch einer »deutschen Landschaft« unternommen wurde. Die Bockwindmühle stand früher auf der Stadtbefestigung nahe der Oper. Die Gebäude des Restaurants befanden sich früher ganz woanders: der Speicher stammt aus Eystrup und wurde 1939 hier aufgestellt, das Fachwerkhaus des Restaurants kommt aus Wettmar. Sogar einen alten Grenzstein und eine Lore hat man aufgebaut. Die Route führt nun über die Brücke des Anna-Teichs am Ufer entlang, dann biegen wir nach rechts zum Kleefelder Bad ab. An der Bahnlinie angekommen, biegen wir links ein und erreichen die Scheidestraße beim Pferdeturm. Wie auf dem Hinweg erreichen wir List.

Leine-Radfernweg

Der Leine-Radweg ist ein Fernradweg, der von Leinefelde bei den Quellen der Leine bis nach Hoya an der Weser führt. Der gewöhnlich gut ausgeschilderte Radweg (grün-blau-gelbe Markierung) bevorzugt am Maschsee aber den Schnellen Graben und das Ost-Ufer der Ihme.
Das Niedersächsische Ministerium für Wirtschaft, Arbeit und Verkehr (Friedrichswall 1, 30159 Hannover) hat eine Broschüre »Leine-Radfernweg« samt Kartenwerk und Beschreibungen herausgegeben, die gegen eine Schutzgebühr erhältlich ist.

Die Messe

Am Anfang stand eine einfache Frage. Ein britischer Offizier wollte 1947 in einer Konferenz von Vertretern der Besatzungsmächte und der deutschen Verwaltung wissen, welche Stadt in der neugegründeten Bi-Zone, dem Vereinigten Wirtschaftsgebiet der britischen und amerikanischen Besatzungszone, kurzfristig eine **Export-Messe** auf die Beine stellen könne. Niedersachsens Wirtschaftsminister Alfred Kubel aus Hannover hob die Hand, womit im Grunde schon alles entschieden war.

Aus der Frage von General Sir Brian H. Robertson, dem die britische Besatzungszone unterstand, wurde ein klarer Befehl: Jetzt musste Hannover eine Messe ausrichten, unter allen Umständen und in äußerst kurzer Zeit. Die Probleme waren allerdings gewaltig: Die Stadt lag in Trümmern, die Bewohner hungerten, und es war unklar, ob man überhaupt exportfähige Güter zeigen konnte. Es gab keine, dachte man.

General Robertsons Plan ließ vorausschauendes Denken erkennen: Die Besatzungsmächte konnten Deutschland auf Dauer nicht ernähren. Im Chaos der Nachkriegszeit musste ein Zeichen gesetzt werden, das allen Mut machte. Zum Beispiel allen zu zeigen, dass bereits zwei Jahre nach Kriegsende exportfähige Güter produziert wurden.

Für die Export-Messe wurde der **18. August 1947** als Eröffnungstag festgesetzt. Zur Vorbereitung blieben nur 123 Tage Zeit. Aber

mit den (allerdings reparaturbedürftigen) Hallen der Vereinigten Leichtmetallwerke (VLW) in Laatzen im Südosten Hannovers stand ein geeignetes Gelände zur Verfügung. Der Hannoveraner Graphiker Paul Rademacher entwarf das Messe-Symbol, den berühmten Hermeskopf. Am 16. August 1947 ließen Stadt und Land die »Deutsche Messe- und Ausstellungs-A.G.« (seit 1987: Deutsche Messe AG) ins Handelsregister eintragen. Am 18. August 1947, einem Montag, konnte Erich Köhler, Präsident des Wirtschaftsrates der Bi-Zone, die erste »Export-Messe« der westlichen Zonen pünktlich um 12.15 Uhr eröffnen. Und es gab einen Messekatalog von 48 Seiten Umfang.

Es kamen rund 1300 Aussteller, die in sechs Hallen auf etwa 22 000 Quadratmeter Fläche Industrie-Erzeugnisse und Konsumgüter zeigten. Allen pessimistischen Stimmen zum Trotz war Beachtliches zusammengekommen: der kleinste Dieselmotor der Welt, Heringstonnen, das Chassis eines Mercedes-Rennwagens, ein zusammenklappbarer Kinderwagen, der berühmte Patenthosenknopf, Schneidewerkzeuge und Elektroartikel. Der Knüller war ein Kleinwagen, der kurz darauf als »Volkswagen« eine große Karriere machen sollte. Er kostete 995 Dollar. Und es lockten die **Heringsbrötchen** des Hamburger Fischhökers Heinrich, die man »markenfrei« kaufen konnte: Eine Million Brötchen und 60 Tonnen Fisch wurden verzehrt, dazu gab es Retortenwein. Binnen weniger Tage hatte die Export-Messe ihren Spitznamen: die »Fischbrötchenmesse«.

Als die Messe am 7. September 1947 nach 21 Tagen schloss, zählte man rund 736.000 Tagesbesucher, darunter 4000 ausländische Messegäste aus 53 Ländern, meist Unternehmer und Käufer. Die Abschlüsse erreichten eine Summe von 31,6 Millionen US-Dollar. Die Export-Messe war ein riesiger Erfolg geworden.

1947 begann eine **Erfolgsgeschichte**, die zwar nicht ganz untypisch ist für die Karrieren der Nachkriegszeit, aber in ihrer Konsequenz, der Dauer und der weltweiten Wirkung doch erstaunlich ist. Bereits im Sommer 1948 folgte die zweite Export-Messe, die wegen eines Streiks der Messearbeiter um ein Haar gescheitert wäre. Mit Abschlüssen von 15 Millionen US-Dollar bei 2300 ausstellenden Firmen war sie jedoch nicht ganz so erfolgreich wie die Vorgängerin. Der Grund: Kurz vor der Währungsreform wurden überall in Deutschland die Waren gehortet. Immerhin hatte ein findiger Hamburger Unternehmer eine Weltuhr vorgestellt, die fünf Zeitzonen zugleich anzeigte. Das wichtigste Ziel aber wurde erreicht: Hannover war als erster Messestandort der Bi-Zone etabliert.

Es ging unbeirrt weiter. 1949 folgten eine **Landmaschinenschau**, die dritte Export-Messe und eine Landwirtschaftsausstellung. 1950 wurden eine Baumesse und die vierte Export-Messe ausgerichtet. Damals konnten die Besucher schon mit der Straßenbahn direkt bis zum Messe-Eingang fahren. Auf der Bauausstellung Constructa im Sommer 1951 stellte Stadtbaurat Rudolf Hillebrecht seine Pläne für den Wiederaufbau Hannovers vor, das »Wunder von Hannover«.

Der Erfolg gab den Organisatoren recht: Bereits 1950 hatte die **Export-Messe** den Spitzenrang unter den technischen Messen in Deutschland erreicht. Die »Deutsche Industrie-Messe« von 1951, Nachfolgerin der Export-Messe, stellte in 20 Hallen aus – von denen neun beheizbar waren, wie eine Münchner Zeitung betonte. Bis 1954 fuhr man zweigleisig, indem die »Deutsche Industrie-Messe« in eine »Muster-Messe« für das Inland und eine »Technische Messe« für Investitionsgüter geteilt wurde. Schon damals war Hannover die Nummer 1 in Deutschland und verglich sich fortan mit den Konkurrenten in Europa und Übersee.

Für den **Erfolg** des Messeplatzes Hannover waren mehrere Gründe entscheidend. Da war zum einen der frühe, erfolgreiche Start 1947. Zum anderen hielten sich die Organisatoren eisern an das altbewährte System der Leipziger Messe, deren Nachfolge man ja antreten wollte: Man förderte die Konkurrenz unter den Branchen, ließ Inland und Ausland stets zusammen ausstellen und veranstaltete keine Schau, sondern eine Verkaufsmesse, auf der verhandelt, bestellt, gekauft und Investitionen in Millionenhöhe beschlossen wurden. Schließlich war das Messegelände ideal: nah bei der Stadt, aber fast unbegrenzt erweiterbar. Jahr für Jahr wurden neue Hallen errichtet, nirgendwo sonst waren sie so groß wie in Hannover und so gut mit schweren Kränen ausgestattet. Das technische Personal war perfekt eingespielt, und auf dem bei der Industrie sehr beliebten, riesigen **Freigelände** konnten die Unternehmen gewaltige Schaufelbagger kreisen lassen und haushohe Kipplaster in Aktion sehen. Es gab nichts, was man nicht aufbauen konnte. 1954 zog Mannesmann am Nordeingang einen 120 Meter hohen Turm aus nahtlosen Stahlrohren hoch, Vorläufer des Hermes-Turms, den AEG zwei Jahre später baute – und zur Freude der Messebesucher mit einer Aussichtsplattform in 70 Meter Höhe über dem Freigelände ausstattete. All die Jahre begleitete Hermes, das alte Symbol von 1947, jung und frisch sämtliche Messen. Zeitgenossen, die zum Spott neigen, halten das Konterfei des griechischen Gottes der Kaufleute gelegentlich für einen krakeelenden Stahlarbeiter.

Die **»Hannover Messe«**, wie sich die »Deutsche Industrie-Messe« ab 1961 nannte, wurde zum Begleiter

➣ Messegelände mit dem markanten Casino-Turm des Tagungs-Centrums Messe

des bundesdeutschen Wirtschaftswunders. Sie stieg zur Trendmesse auf, die als Indikator der internationalen Märkte diente und auf der man Entscheidungen über millionenschwere Investitionen traf. »Entlang der Stahlstraße ließ die Schwerindustrie die Muskeln spielen« (Gerhard Thomssen), das »Made in Germany« entfaltete hier alljährlich seinen größten Glanz. Man konnte diese Schau nur in Superlativen beschreiben: »Messe aller Messen«, »größte Investitionsgütermesse der Welt« und »größte industrielle Leitmesse« hat man sie zu Recht genannt. Jede technische Neuheit wurde hier an erster Stelle präsentiert: Bereits 1948 telefonierte man aus den Hallen mit New York, 1950 erregte ein Hebekran für Lokomotiven mit 57 Tonnen Traglast großes Aufsehen, zwei Jahre darauf präsentierte die Industrie ein zehn Gramm schweres Spielzeug-Schiffchen aus Styropor, 1955 beförderte eine **Rolltreppe** 8000 Personen in der Stunde. In Hannover sah man die ersten Schwarzweiß-Fernsehgeräte, die ersten Kugelkopf-Schreibmaschinen, mobile Hebebühnen und vollhydraulische Bagger. In den 60er Jahren waren Atomreaktoren, Tastentelefone, Container, Roboter und die Mikroelektronik der Messemagnet. Der neue ICE, Solartankstellen und Windkraftanlagen – all das konnte man in Hannover sehen, anfassen, prüfen und bewerten. Mit ihrem Paradepferd der »Hannover-Messe« wurde die Stadt an der Leine zum **größten Messeplatz der Welt.**

Die Messe war stets auch ein Ort der Politik und Diplomatie, vor allem seit Beginn der 70er Jahre. Die »Deutsche Messe AG« leistete sich einen eigenen Protokollchef, der die Königinnen und Staatsratsvorsitzenden, Bundespräsidenten und Bundeskanzler, Wirtschaftsminister und Staatssekretäre über das Messegelände lotste. Wenn Erich Honecker die Runde über die Messe machte, war das stets auch Politik: Man stoppte die Minuten, die er bei den einzelnen Firmenständen verbrachte.

Der hohe Rang der Messe brachte es mit sich, dass Rezessionen, wirtschaftliche Krisen und Zusammenbrüche wichtiger Märkte zuallererst in Hannover durchschlugen. Hausse und Baisse haben die Macher der Hannover-Messe als erste zu spüren bekommen – z.B. die Rezession von 1967/68 in Deutschland und die Erdöl-Krise Mitte der 70er Jahre. Damals blieben erstmals Ausstellungsflächen leer. Infolgedessen wurde die Hannover-Messe in zehn Fachmessen umstrukturiert, die alle zur selben Zeit am selben Ort stattfanden und die für sich jeweils die größten **Fachmessen** der Welt waren. Diese Entwicklung war bereits 1969 zu erkennen, als Hannover ein 50.000 Quadratmeter großes »Centrum für Büro- und Informationstechnik« errichtete, kurz »CeBIT« genannt. Anfang der 80er Jahre ging es steil aufwärts, die Hannover-Messe 1984 wurde sogar zu einem absoluten Rekord: 740.000 Besucher, 6610 Direktaussteller aus 109 Ländern, 965 500 Quadratmeter Ausstellungsfläche und die weltgrößte, ebenerdige Ausstellungshalle mit 71.600 Quadratmetern Fläche. 1986 – der Fachmarkt für Computer und Büromaschinen war aus allen Nähten geplatzt – wurde die Hannover-Messe in die **»CeBIT Hannover«** und die »Hannover-Messe Industrie« geteilt (die immer noch traditionell »Hannover Messe« heißt). Beide Messen entwickelten sich zu den größten und bedeutendsten Leitmessen der Welt. Heute ist der Messeplatz Hannover weltweit das Synonym für Leitmessen der Investitionsgüterindustrie. Neben der CeBIT und der HANNOVER MESSE sind hier insbesondere die EMO, die IAA Nutzfahrzeuge, die EUROTier, die AGRITECHNICA und die LIGNA zu nennen. Jährlich veranstaltet die Deutsche Messe AG mit ihren Tochtergesellschaften rund 100 Veranstaltungen weltweit. Schwerpunkte im Ausland sind Shanghai, Istanbul und zukünftig Bangalore.

Auch architektonisch setzte der Messeplatz Hannover Maßstäbe. 1989 errichteten Walter Ehlers und Hinrich Storch aus Hannover das **Convention Center (CC)**, dessen markanter **Casino-Turm** mit seinem futuristischen Profil das gesamte Messegelände überragt. Nachdem Hannover den Zuschlag für die Weltausstellung **EXPO 2000** erhalten hatte, wurden weitere Hallen errichtet, die ebenfalls architektonisch von Interesse sind. Im Jahre 1992 wurde die Europahalle 2 errichtet, weithin bekannt durch die **ATP-Weltmeisterschaft** im Tennis. Der Neubau der Halle 4 war mit 24.000 Quadratmetern einige Zeit sogar die größte freitragende Halle Europas. Die im Mai 1996 fertiggestellte Halle 26 fällt durch ihre dreischiffige Aufteilung, die großzügigen Glasfronten und das hölzerne Hängedach auf. Mit 24.500 Quadratmetern zählt sie ebenfalls zu den größten Ausstellungshallen des Messegeländes. Letzte Neubauten sind die mit sechs Flugdächern ausgestattete und ebenfalls durch große Glasfronten offen gestaltete Halle 13 mit 27.000 Quadratmetern sowie die Doppelhalle 8/9, die 1999 fertiggestellt wurde. Im Jahre 2002 kam die Halle 27 im Südwesten des Geländes mit 36.000 Quadratmetern Fläche hinzu.

Technische Daten:
Fläche des Messegeländes:
rund eine Million Quadratmeter

Überdachte Ausstellungsfläche:
495.000 Quadratmeter in 27 Hallen.

Deutsche Messe AG
Messegelände
30521 Hannover
Tel. 0511/89-0
Fax 0511/89-3 26 26
www.messe.de

➢ Folgende Doppelseite:
Das Messe- und Expo-Gelände:
In der Bildmitte der schlanke, hohe Messeturm, darunter die ehemalige Postbox, von der nach links unten die Straße »Gärten im Wandel« führt. Ihr Endpunkt ist der markante »Wal«.

Die bedeutendsten Leitmessen

Januar:
DOMOTEX HANNOVER
Weltmesse für Teppiche und Bodenbeläge

COSMETICA
Internationale Kosmetikmesse (nur für Fachbesucher)

Februar:
alle zwei Jahre (2009):
didacta
Europas größte Bildungsmesse

März:
CeBIT
Informationstechnologie, Telekommunikation, Software

TELEHEALTH
Internationale Messe für telemedizinische Anwendung und Therapie

ALTENPFLEGE
Europas größte Messe für Pflege, Therapie und professionelle Patientenbetreuung

April:
HANNOVER MESSE
Technologie, Innovation und Automation

PROMOTION WORLD
Internationale Messe für Werbeartikel und Incentives

Mai:
in den ungeraden Jahren:
LIGNAplus HANNOVER
Weltmesse für die Forst- und Holzwirtschaft

alle drei Jahre (2011):
CeMAT
Weltgrößte Logistikmesse

September:
in den ungeraden Jahren:
EMO Hannover
Die Welt der Metallbearbeitung

in den geraden Jahren:
IAA Nutzfahrzeuge
Fahrzeuge, Ausrüstungen und Systeme des Güter- und Personentransports

alle zwei Jahre (2009):
EMO HANNOVER
Welt der Metallbearbeitung

Oktober:
in den ungeraden Jahren:
BIOTECHNICA
Internationale Fachmesse für Biotechnologie

in den geraden Jahren:
EuroBLECH
Internationale Technologiemesse für Blechbearbeitung

November:
in den ungeraden Jahren:
AGRITECHNICA
Internationale DLG-Fachausstellung für Landtechnik

in den geraden Jahren:
EuroTier
Internationale DLG-Fachausstellung für Tierproduktion und Management

Dezember:
Pferd & Jagd
Europas größte Messe für Pferdesport, Jagd und Angeln

Expo-Spaziergänge oder: Auf den Spuren einer Weltausstellung

Die Expo kam, die Expo ging. Was von der Weltausstellung 2000 blieb, ist ein riesiges Gelände mit wuchtigen Glaskästen, das die 14.000 Besucher einer ausverkauften TUI-Arena zumindest abends dringend braucht, um nicht zu leer zu wirken. Weite Flächen, windige Ecken, die lange Suche nach neuen Perspektiven. »Wir haben das schon vorher gewusst, wir haben das kommen sehen«, sagen die einen. »Das ist unsere Chance, wir werden das Ausstellungsgelände zu einem Gewerbe- und Technologie-Park entwickeln«, antworten die Optimisten. Unverdrossen suchen die Mitarbeiter einer eigens dafür gegründeten Firma, der Expo Grund GmbH, für das Gelände neue Nutzungsmöglichkeiten, die mit dem Zweck der Expo 2000 in Einklang zu bringen sind. Zehn bis fünfzehn Jahre Zeit seien dafür nötig, versichern die Fachleute.

Das bedeutet: zehn bis fünfzehn Jahre Umbruch und Veränderung. Dies sollte der Besucher, der das Expo-Gelände aufsucht, nicht vergessen. Denn hier sollten der Menschheit an der Schwelle des dritten Jahrtausends neue globale Perspektiven geboten werden. Die Eindrücke sind zwiespältig, manchmal bizarr und befremdend. Ein typischer Spaziergang für Spurensucher. Oder für Historiker vergangener Utopien. Oder für standhafte Visionäre. Allerorten erkennt man die Spuren alter Träume und sieht die kargen Bedingungen, unter denen sie bis heute fortdauern.

Die beiden folgenden Spaziergänge beginnen an der ehemaligen **Post-**

➢ Die ehemalige Postbox, heute Niederlassung eines Autoherstellers, ist nach wie vor der wichtigste Orientierungspunkt auf dem Expo-Gelände

➢ Planet M, ehemals Expo-Sitz von Bertelsmann, soll Ausbildungszentrum werden

box, dem Hochhaus mit dem ursprünglich postgelben Aufsatz, das seit März 2007 Räumlichkeiten der neuen BMW-Niederlassung beherbergt. Es ist von fast jedem Punkt des Geländes aus gut zu sehen. Wer es genau wissen will, kann auf der Website www.expo-park-hannover.de die interaktive Karte des Expo-Geländes anklicken und sich jedes Gebäude auf den Bildschirm holen.

Der **erste Spaziergang** führt von der ehemaligen Postbox in Richtung **Plaza** und ist jenem Teil des Expo-Geländes gewidmet, dessen Gebäude solide ausgeführt sind und zum großen Teil neue Nutzer gefunden haben. Mit dem Rücken zur Postbox stehend, sieht man jenseits der Lissabonner Allee zwei wuchtige Bauten: linker Hand an der Stelle des ehemaligen **Global House** einen Neubau, der heute zum Kurt-Schwitters-Forum gehört und zur Heimstatt für angehende Medienfachleute und Designer geworden ist, rechts den ehemaligen **deutschen Pavillon**, erkennbar an seiner nach innen gewölbten Glasfassade. Zwischen diesen beiden Bauten hindurch führt der Weg zur **Plaza**, dem ehemaligen Zentrum der Weltausstellung. Manch einer wird unterwegs den **Christus-Pavillon** vermissen, der linker Hand nach dem Global House folgte. Er erregte auf der Expo 2000 großes Aufsehen. Die Kirche in lichtdurchlässiger Marmorverkleidung samt dem Kreuzgang mit seinen doppelschaligen Glaswänden hat im thüringischen Kloster Volkenroda eine dauerhafte Bleibe gefunden (was bereits lange vor der Expo geplant war). Heute sind am alten Ort die Multimedia-Berufsschule sowie CampMedia zu finden – Hannovers Gründerzentrum für Informationstechnologie, Design, Medien und Kunst.

Wir sind nun an der **Plaza** angekommen, dem Gelenk zwischen dem östlichen Gelände der Expo und der Messe. Dort finden Open-Air-Konzerte und andere Großveranstaltungen statt. Um den weiten Platz reiht sich Großbauwerk an Großbauwerk. Im Uhrzeigersinn gesehen, zunächst der Bertelsmann-Pavillon **»Planet M«**, dessen abgeflachte Melone immer noch ein Blickfang ist. Das sehr individuell gestaltete Bauwerk befindet sich zur Zeit in der Projektentwicklung als Ausbildungs- und Veranstaltungszentrum für die Fachhochschule Hannover IT und Medien. Dahinter steht das **SAS-Radisson-Hotel**: In einem Prospekt über das ehemalige Weltausstellungsgelände ist zu lesen, es sei »rechtzeitig zur Expo eröffnet« worden – als gelte es immer noch, die alten Terminschlachten zu schlagen. Unübersehbar beherrscht der Glaskasten der **TUI-Arena** die Plaza, Ort zahlreicher Großveranstaltungen aus der Welt der Popmusik und des Sports. Rund 14.000 Besucher faßt das Gebäude. Weiter im Uhrzeigersinn folgt das **NILEG Plaza Forum**, zur Zeit der Expo Standplatz der Uno. Heute sind dort Medienfirmen zu finden, u.a. der Sender tv travel shop. Weiter in der Platzrunde folgt das ehemalige **World Trade Center**, Hort der Europäischen Union zu Expo-Zeiten. Das Kurt-Schwitters-Forum und die Leibniz-Akademie Hannover haben sich dort niedergelassen. Im Parterre finden Besucher das **Exposeeum**, das Museum der Expo (Öffnungszeiten: sonntags 11–16 Uhr und nach Vereinbarung).

Ist der Gesamteindruck des ersten Expo-Spaziergangs der eines von großdimensionierten, gleichförmigen Glaskästen geprägten Raumes, so hat der **zweite Spaziergang** einen ganz anderen Charakter. Ausgangspunkt ist wiederum die ehemalige **Postbox** an der Lissabonner Allee. Die Route führt nun zunächst nach Süden längs der preisgekrönten **Gärten im Wandel** an der Straße Sydney Garden, wo einige architektonisch sehr gelungene Expo-Pavillons zu

➢ Blickfang des Expo-Geländes: der jemenitische Pavillon

finden sind. Viele der Architekturen erregten im Jahre 2000 großes Aufsehen, doch die meisten waren nur für kurze Zeit geplant. Wie die Lücken zeigen, musste mancher Pavillon wieder abgebaut werden, andere wurden abgeschlagen und fanden woanders eine neue Bleibe. So ist gerade auf dieser Route auch in Zukunft mit Veränderungen zu rechnen; und das macht sie so interessant.

Gegenüber der ehemaligen Postbox, unmittelbar am Beginn der

➣ Der Wal – Event-, Begegnungs- und Veranstaltungszentrum Innere Mission

Gärten im Wandel, steht der **französische Pavillon**, der seit März 2007 Räume der BMW-Niederlassung beherbergt. Nach einigen Baulücken linker Hand erreicht man die Pavillons **Norwegens** und der **Türkei**, letzterer erkennbar an der Lattenrost-Fassade. Etwas Verwirrung stiftet der **polnische Pavillon** mit seinem unverkennbaren Danziger-Werft-Charme aus Portalkran-Dachträgern und Gebäudestützen aus rostigem Schiffbau-Stahl (die sich bei näherem Hinsehen als ramponierte, rostfarben angestrichene Sperrholz-Attrappen zu erkennen geben). In diesem Gebäude sind einige ehemalige Pavillons asiatischer Länder untergekommen. Der **tschechische Pavillon** daneben trägt immer noch seinen

offiziösen Charakter und mutet wie ein Kulturhaus mit wichtigem Staatsauftrag an. Dort logieren der weltweit führende Spezialist für digitale Haarfarbsysteme und die Kunststiftung Horizonte, die wechselnde Ausstellungen organisieren. Der Ex-Pavillon **Chinas** daneben ist nur noch eine leere Betonhülle mit zauberhaften Patina-Spuren, die kein Künstler in dieser Vollkommenheit gestalten könnte. Auf der anderen Seite, also rechts der Gärten im Wandel, sieht man als ästhetisches Einzelstück den ehemaligen **jemenitischen Pavillon**, immer noch exotisch, wie in einem Märchen. In den Auftragbüchern von Filmemachern, Werbedesignern und Fotografen ist der orientalische Palast zu einer festen Größe geworden. Dahinter, auf den ehemaligen Expo-Busparkplätzen, hat 2007 das Möbelhaus IKEA eröffnet.

Doch es gibt auch anderes: Dreht man sich um, sieht man in der Ferne den ehemaligen **Pavillon Litauens**: Zitronengelb, wuchtig – und noch ohne Nutzung. Man rätselt, woran die Gebäudeform erinnert: an ein Autokino, angesichts der großen freien Fläche davor? Oder an das überdimensionierte Entlüftungssystem eines Alpentunnels? Die riesige freie Fläche davor ließe sich gut als Verkehrsübungsplatz nutzen, den es vor der Expo 2000 tatsächlich an diesem Ort gegeben hat (und inzwischen im benachbarten Laatzen zu finden ist).

Nach einem Blick über den Expo-Park Süd mit dem Wal (genutzt von der Inneren Mission) und dem ehemaligen Seerestaurant führt die Route nun zum **Pavillon Litauens** hinüber und von dort auf den Boulevard der EU, der parallel zu den Gärten im Wandel verläuft. Links steht der ehemalige **spanische Pavillon** – wuchtig, unpersönlich und immer noch solide. Der benachbarte **belgische**

Pavillon hat sich den Charme eines öffentlichen Hallenbads erhalten können, was die Mitarbeiter und internationalen Kunden der Hitfabrik »Peppermint Pavillon« und des Restaurants »Funky Kitchen« im Obergeschoss, die sich dort niedergelassen haben, nicht weiter stört.
Gegenüber, also rechts des Boulevards der EU, wird mehr geboten: der solide ausgeführte **dänische Pavillon** gefällt, wenngleich man sich auf das Sammelsurium architektonischer Grundformen (Kubus, Pyramide, Iglu) mit einer Anmutung von Monumentalarchitektur beim Hauptgebäude, umgeben von einem Festungsgraben, keinen Reim machen kann. Zur Zeit entsteht hier ein Ausbildungszentrum für Mitarbeiter eines Modekonzerns. Auffallend abweisend der **schwedische Pavillon** in edlem Braun-Schwarz, mehr Verhüllung als Offenbarung, kaum Fenster – eine Festung, in die ein internationales Unternehmen der Unterhaltungselektronik eingezogen ist. Der ehemalige **britische Pavillon** nebenan ist gewiss ein Produkt solider Baukunst, hätte aber aufgrund seiner Glas-Stahl-Konstruktion besser an die Plaza gepasst. Dort entstand der Fernsehfilm über Ex-Bundeskanzler Willy Brandt, der 2003 ausgestrahlt wurde. Dagegen hat die **(f)in-box**, der Pavillon Finnlands, der unmittelbar neben den Dänen aufgestellt ist, bis heute ihren Reiz nicht verloren. Sie ist zum Domizil für Medienfirmen geworden.

Am Ende des zweiten Spazierganges, schon fast wieder an der Lissabonner Allee, ragt unübersehbar der **»Sandwich«** auf, der holländische Pavillon. Die wohl mutigste architektonische Leistung der gesamten Expo 2000 wurde zu Recht viel gerühmt. Aufgrund seiner eigenwilligen Etagenschichtung mit freischwebenden Außentreppen ist das Gebäude nach wie vor überwältigend. Es wird zurzeit nicht genutzt, ein Bauzaun umgibt das Anwesen. Eine Verwendung für den Betrieb von Solarenergie-Anlagen wird zur Zeit projektiert. Den Abschluss des zweiten Expo-Spaziergangs bildet die ehemalige mittlere **Seilbahnstation**, in der heute das Kurt-Schwitters-Forum mit Ateliers und Werkstätten zu finden ist.
Doch damit nicht genug. Die Weltausstellung fand zu knapp sechzig Prozent der gesamten Fläche auf dem eigentlichen Messegelände statt, das nur zu Messezeiten vollständig besucht werden kann. Auch dort lohnt die Spurensuche, ist die Messe doch – neben der Region Hannover – der große Gewinner der Expo 2000: Es wurden nicht nur neue Bauten wie die **Halle 27** errichtet und ältere Hallen grundlegend überholt. Alle Gebäude, die auf dem Boden der Messe entstanden, fielen nach dem Ende der Expo 2000 ebendieser Messegesellschaft zu. Das gilt für das gewaltige **Expo-Dach**, das größte Holzdach der Welt, das gilt weiterhin für den berühmten **Erdgarten**, den **Digit-Würfel**

der Telekom und das Boden-Mosaik »**Bionic Boogie**« von Albert Oehlen. An die alten Tage der Expo erinnern außerdem das von Lily van der Stokker gestaltete **Pink Building**, das an seiner charakteristischen Farbgestaltung schon von weitem zu erkennen ist. Messebesucher, die auf den Spuren der Expo wandeln, kehren gern im syrischen Café in Halle 27 ein. Es heißt – wie auch sonst? – **Marhaba Expo 2000**. Expo überall. Allerdings mussten sämtliche Nationenpavillons auf dem östlichen Gelände der Messe abgerissen werden, was bereits vor der Weltausstellung feststand, zum Beispiel der aus Bambus gebaute ZERI-Pavillon. Dort sind inzwischen Parkplätze für die Messebesucher entstanden.

Jeder Pavillon hat sein eigenes Schicksal. Geradezu umweltfreundlich das Los des **japanischen Papierhauses**: Es konnte zu Schulheften recycelt werden; sie sind vermutlich schon längst vollgeschrieben. Der Haupttrakt des **Mexiko-Pavillons** wurde als Bibliotheksgebäude der Hochschule für Bildende Kunst in Braunschweig wiederverwendet. Dagegen mussten die Pavillons von Sri Lanka, Singapur, Thailand, Australien, Venezuela, Korea und anderer Länder komplett abgebaut werden.

In der City und in der Umgebung Hannovers finden sich weitere Zeugnisse der Expo-Zeit. So hat Monaco der Stadt Hannover die Skulptur »**Transformation**« der Künstlerin Emma de Sigaldi geschenkt, letztes Zeugnis des Pavillons von Monaco. Sie steht heute an der Hohenzollernstraße/Ecke Bödekerstraße. Auf dem Mühlenberg, vor dem Ökumenischen Kirchenzentrum am Mühlenberger Markt, wurde das gläserne Kreuz aufgebaut, das einst vor dem **Christus-Pavillon** stand. Das 27 Meter hohe Werk wurde mit einer eigenen Lichtanlage ausgestattet, die jeden Abend leuchtet. »**Mais**«, ein Werk des Künstlers Edgar Negret, das einst vor dem kolumbianischen Pavillon stand, ist heute auf der Vahrenwalder Straße hinter der Kreuzung Kabelkamp/Sahlkamp zu finden. Der **indische Pavillon** wurde in der Röntgenstraße im Gewerbegebiet Letterholz in Seelze-Letter wiedererrichtet und dient als Tennisanlage. Hinter der AWD-Arena ragt **der himmlische Briefkasten** der Holländer hoch in die Luft. Nicht zu vergessen: Mitten in Hannover, am Platz der Weltausstellung, steht noch immer die **Expo-Uhr** – und läuft. Zeigte sie vor der Weltausstellung die Tage und Stunden an, die noch bis zur Expo blieben, demonstriert sie heute, wie lange die Weltausstellung bereits Vergangenheit ist. Das kann endlos so weitergehen.

Am Steinhuder Meer

Mit seinen rund 30 Quadratkilometern ist das Steinhuder Meer, eines der beliebtesten Segelreviere Norddeutschlands, der größte See Niedersachsens. Während sicher ist, dass der See während der Eiszeit gebildet wurde, wissen die Geologen bis heute nicht so genau, ob er als Windausblasungsmulde oder in einer Abflussrinne der Eismassen entstand. Ein 32 Kilometer langer Weg führt rund um den See, an dessen Ufern einige Naturschutzgebiete liegen, z.B. das Hagenburger Moor am Südufer und das große Hochmoor im Osten. Dort brüten noch Rohrweihe, Rohrdommel und Sumpfhühner; auf Aussichtstürmen lässt sich das Gebiet gut einsehen. Mitten durch den See führte früher die Grenze zwischen Hannover und Schaumburg-Lippe; Relikt der alten Zeit ist die künstlich aufgeschüttete Insel Wilhelmstein, auf der Graf Wilhelm zu Schaumburg-Lippe im 18. Jh. eine Festung errichten ließ, die heute ein Museum birgt. Angeblich besaß der Graf sogar ein U-Boot, mit dem er im Steinhuder Meer – Wassertiefe maximal drei Meter – Tauchversuche unternahm. Nur zwei Dörfer liegen an den Ufern des Gewässers: Mardorf im Norden und das wesentlich größere Steinhude im Süden. Beide haben ihre Vorzüge: Mardorf ist von Hannover aus nicht gar so leicht erreichbar, bietet aber mehr dörfliche Idylle. Steinhude, im Sommer stets gut besucht, ist aufgrund seiner Museen abwechslungsreicher.

Auskunft: Infozentrum Steinhude, Am Graben 3–4, 31515 Wunstorf, Ortsteil Steinhude, Tel. 05033/939-134, Fax 05033/939-135 www.steinhuder-meer.de

Verkehrsverein Mardorf, Aloys-Bunge-Platz, 31535 Neustadt-Mardorf, Tel. 05036/92121, Fax 05036/92123 www.urlaub-in-mardorf.de

Der Deister

Der Deister ist der nördlichste Vorposten der deutschen Mittelgebirge. Sein Gegenstück ist der durch eine Senke abgetrennte Höhenzug des Süntel, der acht Kilometer südwestlich liegt. Während der Deister an der Nordseite flach ausläuft, bricht er im Süden steil ab. An seiner südlichen Abbruchkante treten die harten Kreidesandsteine, die sogenannte »Deisterformation«, deutlich zutage. Die Klippen, darunter die Teufelskammer und die Alte Taufe, sind bis zu 25 Meter hoch und stehen auf einem Kamm.

Der Deister, den Hannoveraner als ihren Hausberg betrachten, ist ein typisches Wandergebiet. Idealer Ausgangspunkt ist der Parkplatz am Nienstedter Paß (227 Meter) bei Nienstedt. Eine beliebte, aber nicht gerade kurze Wanderstrecke führt auf dem knapp 20 Kilometer langen Kamm entlang von der Cäcilienhöhe im Norden bis zum Steinkrug an der Südostspitze. Unterwegs kann man sich in der Heisterburgschänke, am Nordmannsturm und am Annaturm stärken – oder eine Abkürzung wählen. Die Wanderwege sind gut markiert, auch der Europäische Wanderweg, der durch den Deister führt. Am Fuße des Deisters liegen fünf Städte: Bad Nenndorf mit seinen Schwefelquellen, Barsinghausen mit seiner berühmten Klosterkirche, Wennigsen, das bis zur Reformation Wallfahrtsort war, Springe mit seinem Saupark im Kleinen Deister und Bad Münder, bekannt durch seine Sole-, Schwefel-, Bitter- und Eisenquellen. Alle fünf Städte eignen sich ausgezeichnet für Wanderungen im Deister.

Auskunft: Touristinfo Bad Nenndorf, Hauptstr. 4, 31542 Bad Nenndorf Tel. 05723/748560, Fax 05723/ 748570, www.badnenndorf.de

Touristinfo der Stadt Springe Zum Niederntor 26 (im alten Rathaus) 31832 Springe (Deister) Tel. 05041/73273, Fax 05041/ 5885, www.springe.de

Bitburger Pils
ICI
Holzmarkt
SCHALL-
PLATTEN &
CD - BÖRSE

Informationen A–Z

Vorwahlen

Sofern nicht anders angegeben, gilt die Vorwahl 0511, international +49/511

Auskunft

Hannover Marketing & Tourismus GmbH Tourist Information

Ernst-August-Platz 8 (schräg gegenüber dem Hauptbahnhof), 30159 Hannover, Tel. 12345-111, Fax 12345-112 www.hannover-tourism.de info@hannover-tourism.de

Öffnungszeiten: Mo–Fr 9–18 Uhr, Sa 9–14 Uhr (im Sommer auch So geöffnet; während der Messe und bei Großveranstaltungen geänderte Öffnungszeiten)

Bäder

Hallenbäder: Stadionbad, Aqua-Balance Hannover, Nord-Ost-Bad, Anderter Bad, Fössebad, Stöckerner Bad, Vahrenwaler Bad

Freibäder: Naturerlebnisbad Hainholz, Kleefelder Bad, Lister Bad, Ricklinger Bad, RSV-Bad Leinhausen

Badeseen: Maschsee Strandbad (Südufer), Freibadeplatz Ricklinger Masch, Altwarmbüchener See, Sonnensee (FKK)

➢ *Hannovers Kneipenszene wird von Einheimischen und Touristen gleichermaßen gerühmt*

Bahn

Siehe unter »Verkehr«

Casino

Spielbank Hannover, Osterstr. 40, 30159 Hannover, Tel. 980660

Eintrittskarten

Kartenvorverkauf für Open-Air-Veranstaltungen, Feste, Sportveranstaltungen, auch über das CTS-Kartenvorverkaufssystem: Tel. 0511/12345-222, Fax 0511/12345-112

Kartenvorverkauf für das Niedersächsische Staatstheater: Tel. 9999-1111, Fax 9999-2984, www.staatstheater-hannover.de

Tickethotline Theater für Niedersachsen: Tel. 2828-2828, www.landesbuehne-hannover.de

Feste und Feiern

Februar: Karnevalsumzug in der Innenstadt

März: Lange Nacht der Theater

März/April: Frühlingsfest Hannover auf dem Schützenplatz

Himmelfahrtstag: Internationales Jazzfestival »enercity Swinging Hannover« auf dem Trammplatz

Mai: Gartenfestival im Georgengarten

Mai/Juni: Masala – Eines der größten Weltmusikfestivals in Europa

Juni: Lange Nacht der Museen

Juli: Das größte Schützenfest der Welt auf dem Schützenplatz (Auftakt ist die Verpflichtung der Bruchmeister im Neuen Rathaus, am Sonntag Schützenausmarsch mit über 12.000 Teilnehmern durch die Innenstadt – der längste Festumzug Europas

Juli: Schlager-Parade in der City

Juli/August: Maschseefest – Norddeutschlands größte Seefete rund um den Maschsee

September: Herbstfestival im Georgengarten

September/Oktober: Das zweitgrößte Oktoberfest der Welt auf dem Schützenplatz

November/Dezember: Weihnachtsmarkt in der Altstadt

Flughafen

Siehe unter »Verkehr«

Fundbüros

Messegelände, Tel. 8932633

Städtisches Fundbüro, Herrenstr. 11, Tel. 168-42457

Üstra, Nordmannpassage 6 (im Hause »Üstra Reisen«), Tel. 1668-2239

Hannover Airport, Tel. 977-1899

Gastronomie

Restaurants

Bavarium, Windmühlenstr. 3 (Innenstadt), Tel. 323600, Mo–Sa 11–24 Uhr, So und feiertags 9–24 Uhr. Bayerische Lebensart mitten in Hannover in Wirtshausatmosphäre mit Biergarten

Bell' Arte am Maschsee, Kurt-Schwitters-Platz 1 (im Sprengel Museum), Tel. 8093333, Di–So 11–24 Uhr. Schöner Blick auf den Maschsee von Restaurant, Wintergarten und Terrasse. Mittagstisch und ausstellungsspezifische Speisekarten neben der normalen Karte

Clichy, Weißekreuzstr. 31 (List), Tel. 312447, Mo–Fr 12–14.30, 18–23 Uhr, Sa 18–23 Uhr, So Ruhetag. Ekkehard Reimann verwöhnt seit 1979 die Hannoveraner Feinschmecker mit exzellenter französischer Küche. Am Wochenende ist eine Reservierung zu empfehlen

Funky Kitchen im EXPO-Park, Boulevard der EU 8, Tel. 7686030, Mo 11.30–15.30, Di–Fr. 11.30–0 Uhr, Sa ab 18 Uhr, So und feiertags geschlossen. Seit Dezember 2007 mit 13 Punkten im Gault Millau ausgezeichnet

La Galleria, Georgstr. 54 (Innenstadt), Tel. 325096, Mo–Sa 12–15, 18–24 Uhr, So Ruhetag. Italienisches Restaurant an Hannovers Prachtstraße. Gutes Vorspeisenbuffet, die Fischgerichte verdienen ebenfalls Beachtung

Gartensaal im Neuen Rathaus. Trammplatz 2, Tel. 168-48888, tägl. 11–18 Uhr, im Sommer bis 22 Uhr. Das Bistro ist im renovierten Gartensaal des Rathauses untergebracht und bietet neben Kaffee, Kuchen und Eis eine Auswahl hannoverscher und internationaler Spezialitäten

Gondel, Georgstraße 36 (Innenstadt, gegenüber der Oper), Tel. 30186767, Di–Do 17.30–24 Uhr, Fr und Sa 17–24 Uhr, So 17.30–21.30 Uhr. Restaurant mit Cocktail-Bar und eigener Bühne. Frische kreative Küche. Der Gast kombiniert sein Gericht von einem Zutatenbuffet, so dass jedes Gericht individuell am Tisch serviert wird. Man beachte die Saucen

Hiller, Blumenstr. 3 (Innenstadt), Tel. 321288, Mo–Sa 12–15, 18–23 Uhr, So u. feiertags Ruhetag. Eines der wenigen vegetarischen Restaurants in Hannover, spezialisiert auf eigene Kreationen. Gute Weinkarte, mit Terrasse, Raucher sind nicht erwünscht

Die Insel, Rudolf-von-Bennigsen-Ufer 81 (Südstadt), Tel. 831214, tägl. 11.30–24 Uhr. Sternekoch Norbert Schu wird für die multikulturelle Küche seines Restaurants am Südufer des Maschsees seit Jahr und Tag ausgezeichnet. Feinschmecker sollten gleich die große (auch »geheime«) Weinkarte verlangen, die mit ihren über 1800 Positionen, darunter vielen Bordeaux-Weinen, alle Rekorde weit und breit sprengt. Terrasse mit Blick auf den Maschsee

Maestro, Sophienstr. 2 (Georgstadt), Tel. 3008575, tgl. 11–1 Uhr. Die Terrasse des preiswerten Restaurants liegt direkt hinter dem Schauspielhaus und der Cumberlandschen Galerie und kann nach den Vorstellungen »über den Hof« schnell erreicht werden, an lauen Sommerabenden ein unschlagbarer Vorteil

Bei Mario, Schloßstr. 6 (Innenstadt), Tel. 328665, tgl. 11.30–23 Uhr. Italienisches Restaurant an der Leine, fußnah vom Historischen Museum gelegen. Mit Terrasse. Ein Treffpunkt für Landespolitiker

Pfannkuchenhaus, Calenberger Str. 27 (Neustadt), Tel. 17113, tägl. ab 18 Uhr, So und feiertags von 12–15 und ab 17.30 Uhr. Spezialitäten des rustikalen Restaurants im Brauhausstil sind Pfannkuchen und Steaks vom Grill. Raucher sind willkommen

Pier 51 am Maschsee, Rudolf-von-Bennigsen-Ufer 51, Tel. 8071800, tägl. 12–24 Uhr, Küche 12–14.30 und 18.30–22.30 Uhr. Restaurant; der »Piergarten« ist nur von Mai bis September geöffnet

Restaurant im Leineschloss, Hinrich-Wilhelm-Kopf-Platz 1 (Zentrum), Tel. 2629190, Mo–Fr 8–21 Uhr, Sa ab 10 Uhr, So Ruhetag. Restaurant mit niedersächsischer und internationaler Küche, nachmittags Kuchen und Torten aus der eigenen Patisserie. Die Terrasse ist im Sommer immer einen Besuch wert

Seestern, Andreaestr. 2 (Innenstadt), Tel. 328783, Mo–Fr 11–18 Uhr, Sa 11–16.30 Uhr, So Ruhetag. Hannovers bekanntestes und wohl auch bestes Fischrestaurant. Generationen haben hier gebratenen Fisch mit Remoulade und Salzkartoffeln verzehrt

Titus, Wiehbergstr. 98, Tel. 835524, Mo-So 18–23 Uhr. Familien- und kinderfreundlich, Terrasse, zigarrenfreundlich mit Nichtraucherbereich. 17 Punkte vergibt der Gault Millau für das kleine, aber feine Restaurant mit 18 Sitzplätzen an 6 Tischen

XII Apostel, Pelikanplatz 2/4, Tel. 2288640, Mo–Sa 12–24 Uhr, So ab 10 Uhr. Italienische Küche in gediegenem Interieur

Cafés

Holländische Kakao-Stube, Ständehausstr. 2 (Innenstadt, beim Kröpcke), Tel. 304100, Mo–Fr 9–19.30 Uhr, Sa 9–18 Uhr. Traditionscafé im holländischen Stil mit flämischen Kronen und Delfter Kaminen

Kreipe's Coffee Time, Sedanstr. 36, Tel. 1693567, und Rathenaustr. 12, Tel. 35395971, Mo–Sa 7.30–19 Uhr, So 12–18 Uhr. Spezialität: Torten und Kuchen, Trüffel, Pralinien, Petit Fours, auch für Diabetiker

Mövenpick Café Kröpcke, Georgstr. 35 (Innenstadt), Tel. 3262840, Mo–Do 9–21.30 Uhr, Fr/Sa 9–22.30 Uhr, So 10–21 Uhr. Traditionsreiches Kaffeehaus am Kröpcke

Enercity Expo Café, Ständehausstr. 6 (Innenstadt, beim Kröpcke), Tel.

32628459, tägl. ab 9 Uhr. Die Gäste können zwischen 50 internationalen Kaffeesorten wählen

Georxx, Georgsplatz 3 (Zentrum), Tel. 306147, täglich ab 9.30 Uhr. Café mit einigen kleinen warmen Gerichten am Rande des Bankenviertels. Im Sommer mit Außensitzplätzen. Internationale Presse

Weinstuben

Biesler, Sophienstr. 6 (Zentrum), Tel. 321033, Di–Fr 12–15, 18–24 Uhr, Sa 18–24 Uhr, So und Mo Ruhetag, von Okt. bis April auch Mo geöffnet. Das Etablissement von Dieter Biesler ist Hannovers ältestes Weinlokal, dessen Speisekarte gut ausgewählte Köstlichkeiten bietet

Tropeano Di Vino, Kleiner Hillen 4 (Kirchrode), Tel. 3533138. Stilvolles Weinlokal mit mediterranen Spezialitäten

Wenthe's Weinwelt, Kirchröder Str. 76 (Kleefeld), Tel. 5389693. Di–Sa ab 18 Uhr

Kneipen und Biergärten

siehe unter »Jazz, Rock, Pop …«

Bars

Bolero, Nikolaistr. 3, Tel. 1697000

Bronco's Bar, Schwarzer Bär 7, Tel. 2607453

Centrum, Lindener Marktplatz 3, Tel. 2133121

Escenario, Hildesheimer Str. 48, Tel. 5334928

Harry's New York Bar, Pelikanplatz 31, Tel. 9093899

HeimW, Theaterstr. 6, Tel. 2352303.

Henry's Griddle, Georgstr. 50, Tel. 323222

Miles, Rathenaustr. 9, Tel. 35395622

Mini Bar, Thielenplatz 2, Tel. 327691

Oscars, Georgstr. 54, Tel. 2352434

Sausalitos, Osterstr. 38, Tel. 3530919

Sol Y Mar, Ernst-August-Platz 1, Tel. 3538908

Spandau Projekt, Engelbosteler Damm 30, Tel. 12357095

Zino, Otto-Brenner-Str. 9, Tel. 0163 -8376418

Informationen und Führungen

Hannover Tourismus GmbH Tourist Information

Ernst-August-Platz 8 (schräg gegenüber dem Hauptbahnhof), 30159 Hannover, Tel. 12345-111, Fax 12345-112 www.hannover-tourism.de info@hannover-tourism.de

Öffnungszeiten: Mo–Fr 9–18 Uhr, Sa 9–14 Uhr (im Sommer auch So geöffnet; während der Messe und bei Großveranstaltungen geänderte Öffnungszeiten)

Info-Stand im Neuen Rathaus Öffnungszeiten: Mitte März bis Okt. Mo-Fr 9.30–18.30 Uhr, Sa–So und feiertags 10–18.30 Uhr, Nov. bis Mitte März tägl. 11–16 Uhr

Große Stadtrundfahrt: April–Okt. tägl 13.30 Uhr, Nov.–März Sa 13.30 Uhr. CeBIT: tägl. 13.30 Uhr. (Reservierung und Treffpunkt: Hannover Tourist Information)

Stadt-Rundgang: Mai–Okt. Sa 11 Uhr, Treffpunkt: Tourist Information

Architektur-Rundfahrt: Mai–Okt. einmal monatlich jeweils Fr 16 Uhr, Treffpunkt: Tourist Information, Anmeldung: Tel. 12345-111

Jazz, Rock, Pop und Diskotheken

Steintorviertel – Die Partymeile Nr. 1 (u.a.: Heartbreak Hotel, Bayern Stad'l, Sansibar, Intensivstation,

Eve Klub, Kiez Klub, Rocker, Formel Einz, Liquid)

Raschplatz – Das »Bermudadreieck« (u.a.: Osho, MEC, DAX-Bierbörse, Palo Palo, Zaza)

Altstadt – Zentrum der Kneipen und Pubs (u.a. 3Raum, Alt Hanovera, Brauhaus Ernst-August, Broyhan Haus, Lehnert's Wirtshaus, Altdeutsche Bierstube, Weinloch, Dublin Inn)

Weitere Veranstaltungsstätten:

Acanto, Tel. 391030, Dragonerstr. 28

Agostea, Rundestr. 6, Tel. 1693920

Alter Bahnhof Anderten, An der Bahn 2, Tel. 591710

Bei Chez Heinz, Liepmannstr. 7b, Tel. 21429920

Capitol, Schwarzer Bär 2, Tel. 444066

Factory – Deutschlands älteste Disko für elektronische Musik, Engelbosteler Damm 7, Tel. 702487

Faust e.V., Zur Bettfedernfabrik 1, Tel. 455001

Frosch, Franz-Nause-Str. 3, Tel. 211155

Funpark, Expo Plaza 9, Tel. 8207600

Gig, Lindener Markt 1, Tel. 2151757

Infinity Club, Marktstr. 45, Tel. 1690636

Jazz Club Hannover, Am Lindener Berge 38, Tel. 454455

Mambo Club, Leonhardtstr. 11, Tel. 3365275

Philharmonie, Theodor-Lessing-Platz 1B, Tel. 3632299

Phoenix, Goseriede 4, Tel. 6007672

Kinos

Apollo (Programmkino), Limmerstr. 50, Tel. 452438. Legendäres Pantoffel-Kino in Linden, wo Flebbe seine Lehrzeit verbrachte

Cinemaxx, Nikolaistr. 8 und Raschplatz 6, Tel. 01805/24636299

Hochhaus Lichtspiele, Goseriede 9, Tel. 14454, »Programmkino« im 8. Stock des »Anzeiger-Hochhauses«

Kino im Sprengel, Klaus-Müller-Kilian-Weg 1, Tel. 1690684

Kommunales Kino im Künstlerhaus, Sophienstr. 2, Tel. 168-44732

Kinos am Raschplatz, Raschplatz 6, Tel. 317802

Märkte

In fast allen Stadtteilen gibt es Wochenmärkte, die alles für den täglichen Bedarf führen. Der größte und interessanteste findet dienstags, donnerstags und sonnabends auf dem Klagesmarkt statt. Die Markthalle (gegenüber dem alten Rathaus) bietet täglich (außer sonntags) Lebensmittel und internationale Spezialitäten

Hannover ist die Stadt der Flohmärkte. Vermutlich begann hier der erste Flohmarkt der Bundesrepublik. Heute findet der Flohmarkt jeden Samstag am Hohen Ufer statt

Museen und Ausstellungsorte

Die Öffnungszeiten beziehen sich, wenn nicht anders angegeben, auf das Sommerhalbjahr. Im Winterhalbjahr sowie an Feiertagen um die Jahreswende gelten besondere Regelungen

Blindenmuseum, Bleekstraße 22, Tel. 52470, Öffnungszeiten: nach Vereinbarung. Themenbereich: Geschichte der Blindenbildung

Foro Artistico in der Eisfabrik, Seilerstr. 15 F, Tel. 2834590, Di–Sa 16–20 Uhr, So 14–18 Uhr. Themenbereich: Forum für internationale Medienkunst

Museum für Energiegeschichte(n), Humboldtstr. 32, Tel. 123116-34941, Di–Fr 9–16 Uhr und nach Vereinbarung. Themenbereich: 150 Jahre Energieanwendung – Geräte rund ums Kochen, Waschen und Bügeln, außerdem Elektromedizin, elektrisches Spielzeug, Lampen und Leuchten, Rundfunk- und Fernseh-Technik, Messtechnik u.a.

Exposeeum, World Trade Center, Expo Plaza 11, Tel. 2284652, So 11–16 Uhr und nach Vereinbarung. Wer die Expo 2000 verpasst hat, kann sich auf 500 Quadratmetern einen Überblick verschaffen, was die Weltausstellung in Hannover dargeboten hat. Mit Informationen über andere Weltausstellungen – vergangene und künftige. www.exposeeum.de

Feuerwehr-Museum, Feuerwehrstr. 1 (Feuerwache 1), Tel. 912-1281, 2. So im Monat 9.30–12 Uhr (Juni–Aug. geschlossen). Themenbereich: Geschichte des Brandschutzes unter besonderer Berücksichtigung der Feuerwehr im Hannoverschen Raum

Heimatmuseum Ahlem, Wunstorfer Landstraße 59, Tel. 483825, jeden 1. und 3. So 15–18 Uhr (nicht in den Schulferien). Themenbereich: Objekte zur Heimatgeschichte Ahlems (von Fossilien und völkerwanderungszeitlichen Grabungen bis zu der das Dorf prägenden Asphaltindustrie des 19. Jahrhunderts)

Herrenhausen-Museum im Fürstenhaus, Alte Herrenhäuser Straße 14, Tel. 750947, Nur Gruppenführungen (ab 10 Personen) n. V. Themenbereich: Das Fürstenhaus gehört zum alten Familienbesitz des Hauses Hannover. Im Fürstenhaus Herrenhausen-Museum im Erdgeschoss Möbel, Gemälde, Porzellan und Skulpturen besichtigt werden

Historisches Museum Hannover, Pferdestr. 6, Eingang Burgstraße, Tel. 168-42352 u. 43052, Di, Do 10–19 Uhr, Mi, Fr–So u. feiertags 10–17 Uhr. Themenbereich: Stadtgeschichte vom Mittelalter bis zur Gegenwart, Landesgeschichte vom Fürstentum Calenberg bis zum Königreich Hannover, Volkskunde, Landleben vom 17. bis zum 20. Jh.; Sonderausstellungen, Filme, Vorträge, Führungen

kestnergesellschaft Hannover, Goseriede 11, Tel. 70120-0, Di–So 10–19 Uhr, Do bis 21 Uhr, Themenbereich: Wechselausstellungen zur bildenden Kunst

Kubus (Städtische Galerie), Theodor-Lessing-Platz 2, Tel. 168-45790, Di–Fr 11–18 Uhr, Sa und So 11–16 Uhr. Themenbereich: Wechselausstellungen

Kunsthalle Faust, Zur Bettfedernfabrik 3, Tel. 2134860. Themenbereich: Zeitgenössische Kunstbegegnungen mit jungen internationalen und regionalen Künstlerinnen und Künstlern in Form wechselnder Ausstellungen aus den Bereichen Fotografie, Video, Malerei oder Objektkunst

Kunstverein Hannover e.V., Sophienstr. 2, Tel. 324594, Di–So 12–19 Uhr, Mi 16–19 Uhr. Themenbereich: Wechselausstellungen zur bildenden Kunst

Leibnizhaus, Holzmarkt 5, Tel. 7624450, Öffnungszeiten: nach telefonischer Vereinbarung. Dauerausstellung mit Werken, Bildern und Gegenständen aus dem Leben des Philosophen Gottfried Wilhelm von Leibniz

Mahn- und Gedenkstätte Ahlem, Heisterbergallee 8, Tel. 616-22256

➢ Das Wallmodenschlösschen, erbaut 1779–1782, wird heute als Wilhelm-Busch-Museum genutzt

u. 616-22073, Führungen n. V. Themenbereich: Die Geschichte des Ortes sowie der Einwohner jüdischen Glaubens der Stadt Hannover und des ehemaligen Landkreises. Themenbezogene Führungen und nach Absprache Gespräche mit Zeitzeugen vor Ort sind möglich

Museum August Kestner, Trammplatz 3, Tel. 168-42120, Di, Do–So 11–18 Uhr, Mi 11–20 Uhr. Themenbereich: Antike Kunst (Römer, Griechen, Ägypter, Etrusker), Kunsthandwerk vom Mittelalter bis zur Gegenwart, Münzkabinett. Sonderschauen, Vorträge, Führungen. Das 1889 eröffnete Museum erhielt 1961 eine völlig neue Gestalt; die Fassade des älteren Baus ist im Innern erhalten

Museum für Textile Kunst, Borchersstraße 23, Tel. 5295517, Di–So 11–18 Uhr. Themenbereich: Zu sehen ist eine einzigartige Stoffsammlung von traditionellen und phantasievollen Handarbeiten aus aller Welt, mit Exponaten aus den verschiedensten Epochen und Stoffen

Münzkabinett der TUI-AG, Karl-Wiechert-Allee 4, Tel. 56600, Mo–Fr 8.30–16. Uhr. Themenbereich: Eine Münzsammlung von Ausbeute- und Bergbaugeprägen mit über 6000 Stücken an. Zu sehen sind Bergbaugepräge und Ausbeutemünzen weltweit, außerdem die Gleiwitzer Eisenkunstgüsse, Papiergeld, Notgeld und insgesamt 200 Löser, Schaumünzen und Mehrfachtaler aus dem Harz zu sehen

Niedersächsisches Landesmuseum Hannover, Willy-Brandt-Allee 5, Tel. 9807-686, tgl. außer Mo 10–17 Uhr, Do bis 19 Uhr. Themenbereich: Das größte und meistbesuchte staatliche Museum in Niedersachsen bietet neben europäischer Kunst des 15. bis 20. Jh. die Bereiche Völkerkunde, Archäologie und Naturkunde. www.landesmuseum-hannover.de

Niedersächsisches Münzkabinett der Deutschen Bank, Georgsplatz 10, Tel. 3652577, Mi, Fr. 9–14, Mo, Di, Do. 09–18 Uhr; Gruppenführungen n.V. Themenbereich: Das ehemalige Münzkabinett der Könige von Großbritannien und Kurfürsten von Hannover. Die Sammlung umfasst über 40.000 Münzen und Medaillen aus dem Britischen Weltreich und aus Nordwestdeutschland

Nord/LB Art Gallery, Friedrichswall 10, Tel. 3612250, Di–So 12–18 Uhr. Themenbereich: Aktuelle Positionen in der Kunst und Präsentation von Teilen der eigenen Kunstsammlung mit Schwerpunkt im Bereich der zeitgenössischen Moderne

Orientteppichmuseum, Georgstraße 54, Tel. 327566, Mo–Fr 10–18 Uhr, Sa 10–13 Uhr. Themenbereich: Geschichte des Orientteppichs, außerdem Textilien, islamische Exponate aus Glas, Keramik, Porzellan und Metall sowie Miniaturmalereien. Insgesamt sind ca. 120 Stücke ausgestellt

Polizeigeschichtliche Sammlung Niedersachsen, Göttinger Chaussee 76 (Ricklingen, ehem. Telefunken-Gelände), Tel. 1235629-0, Mo–Mi 9–16 Uhr, Do 9–18 Uhr, Fr 9–12 Uhr. Themenbereich: Das Polizeiwesen von den Zeiten des Henkerhandwerks bis zum modernen Dienstleistungsunternehmen

Sprengel Museum, Kurt-Schwitters-Platz, Tel. 168-43875, tgl. außer Mo 10–18 Uhr, Di bis 20 Uhr. Themenbereich: Klassische Moderne (u.a. Abteilung zum Werk Kurt Schwitters mit Nachbildung des ersten MERZBaus), zeitgenössische Kunst (u.a. Informel, Nouveau Réalisme, Antes, Minimal Art, Concept Art), Fotografie-Sammlung Ann und Jürgen Wilde; Sonderausstellungen, Führungen

theatermuseumhannover (im Schauspielhaus), Prinzenstr. 9, Tel. 9999-2040, Di–Fr u. So 14–19.30 Uhr (während der Theaterferien geschlossen). Themenbereich: Geschichte des Theaters vom 17. Jh. bis zur Gegenwart; Wechselausstellungen

Veterinärmedizinhistorisches Museum, Bischofsholer Damm 15, Tel. 856-7503, Di–Do 10–16 Uhr. Themenbereich: Instrumente, Bilder und Dokumente aus der tierärztlichen Praxis sowie Lehre und Verwaltung, seit Mitte des 18. Jh.

Welt der Luftfahrt, Zugang zwischen Terminal A und B Flughafenstraße, Mo–Fr 9–18 Uhr; Sa/So 10–19 Uhr. Themenbereich: Die Erlebnisausstellung im Hannover Airport reicht von den ersten Flugversuchen bis zum Blick hinter die Kulissen des modernen Flughafens. Interaktive Exponate

Wilhelm-Busch-Museum – Deutsches Museum für Karikatur und kritische Grafik, Georgengarten 1, Tel. 169999-16, Di–Fr 11–17 Uhr, Sa, So u. feiertags 11–18 Uhr. Themenbereich: ständige Wilhelm-Busch-Ausstellung (Biographisches, Bildergeschichten, Ölgemälde und Zeichnungen), Sammlung kritische Grafik mit Zeichnungen aus fünf Jahrhunderten, Zille-Sammlung, Sonderausstellungen

Notrufnummern

Polizei	110
Feuerwehr	112
Krankentransport	19222
Pannenhilfe ADAC	01802-222222
Pannenhilfe ACE	01802-343536

Ärztliche Notdienste:

Notfallsprechstunde 380380

Mobiler Ärztlicher Notdienst 314044

Zahnärztlicher Notdienst 311031

Tierärztlicher Notdienst 555092

Sport

AWD-Arena, AWD Platz 1, 30659 Hannover, Tel. 90200. Die AWD-Arena, bis 2002 »Niedersachsenstadion« genannt, ist *das* Fußballstadion Hannovers und Wettkampfstätte des Fußball-Bundesligisten Hannover 96. Das ursprünglich etwa 86.000 Zuschauer fassende Stadion wurde 1954 fertiggestellt und seither mehrmals umgebaut. Es verfügt heute über 49 000 überdachte Zuschauerplätze. Die Fans von Hannover 96 treffen sich stets auf der Nordtribüne und in der Nordkurve

Eilenriedestadion, Theodor-Heuss-Platz 4, 30175 Hannover, Tel. 7601995. Das Eilenriedestadion – Kurzname: »96« – ist recht alt, hat aber einen unvergleichlichen Charme und steht zu Recht unter Denkmalschutz. Dort gibt es noch die alten, sehr flachen Steh-Ränge, und die Begrenzung zum Spielfeld ist eine kniehohe Hecke. 18 500 Zuschauer

Eisstadion am Pferdeturm, 4900 Zuschauerplätze. Am Pferdeturm 7, 30625 Hannover, Tel. 5510052

Radrennbahn, 1500 Sitzplätze, Wilkenburger Str. 16, 30519 Hannover (Wülfel), Tel. 861111

Reiterstadion, 4.000 Sitzplätze, Am Jagdstall 25, Tel. 632-280. Wettkampfstätte für Kreis- und Landesmeisterschaften

Rudolf-Kalweit-Stadion, 18.000 Zuschauer, Bischofsholer Damm 119, Tel. 810448. Wettkampfstätte des Fußballvereins Arminia Hannover und Austragungsort der Länderspiele der Deutschen Rugby Nationalmannschaft

TUI-Arena, 14.000 Sitzplätze, Expo-Plaza 7, Tel. 87001-0. Wettkampfstätte des 1. Eishockeybundesligisten Hannover Scorpions

Taxi

Siehe unter »Verkehr«

Unterkunft

Jugendherberge

Deutsche Jugendherberge, Ferdinand-Wilhelm-Fricke-Weg 1 (Ricklingen), 30169 Hannover, Tel. 131-7674

Zentrale Hotelreservierung
Tel. +49(0)511/12345-555
Fax +49(0)511/12345-556

Preiswerte Hotels

Hotel Bischofshol, Bemeroder Str. 2 (Bult, Nähe Messe), 30559 Hannover, Tel. 95390-0

Hotel Böttcher, Alte Herrenhäuser Str. 36 (Herrenhausen), 30419 Hannover, Tel. 793019

Etap Hotel Hannover City, Runde Str. 7 (Zentrum), 30161 Hannover, Tel. 2355570

Hotel zur Post, Dorfstr. 63 (Hemmingen, Nähe Messe), 30966 Hemmingen, Tel. 423014

Hotels mit mittlerer Preislage:

Hotel Eilenriede Garni, Guerickestr. 32 (Buchholz), 30655 Hannover, Tel. 5635924

Hotel Elisabetha garni, Hindenburgstr. 16 (Zentrum/ Zoo), 30175 Hannover, Tel. 856930

Hotel Gästehaus am Herrenhäuser Garten, Herrenhäuser Kirchweg 17 (Herrenhausen), 30167 Hannover, Tel. 70072-0

Hotel Jägerhof, Walsroder Str. 251 (Langenhagen, Nähe Flughafen), 30855 Hannover, Tel. 7796-0

Garni Hotel Reverey, Aegidiendamm 8 (Südstadt), 30169 Hannover, Tel. 883711

Hotel Wiehberg, Wiehbergstr. 55a (Wülfel, Nähe Messe), 30519 Hannover, Tel. 87999-0

Hotels mit gehobener Preislage:

Copthorne Hotel Hannover, Würzburger Str. 21 (Laatzen-Mitte, Nähe Messe), 30880 Hannover, Tel. 9836-0

Kastens Hotel Luisenhof, Luisenstr. 1–3 (Zentrum, Nähe Hbf.) 30159 Hannover, Tel. 3044-0

Landhaus Ammann, Hildesheimer Str. 185 (Südstadt, Nähe Messe), 30173 Hannover, Tel. 8448920

Maritim Grand Hotel Hannover, Friedrichswall 11 (Zentrum/Neues Rathaus), 30159 Hannover, Tel. 3677-0

Veranstaltungen

Niedersächsische Staatstheater Hannover

Opernhaus – Schauspielhaus, Cumberlandsche Galerie – Ballhof. Kartenvorverkauf: Mo–Fr 10–17.30 Uhr, Sa 10–14 Uhr unter Tel. 9999-1111 sowie an den Tageskassen im Opernhaus (Mo–Fr 10–19.30 Uhr, Sa 10–18 Uhr) und im Schauspielhaus (Mo–Fr 10–19.30 Uhr, Sa 10–14 Uhr). www.staatstheater-hannover.de

Opernhaus, Opernplatz 1. Laves baute 1845–52 das klassizistische Opernhaus, nach vielfacher Meinung eines der schönsten seiner Art in Deutschland. Das Haus wurde im Zweiten Weltkrieg zerstört, am 30. November 1950 feierte Hannover die Wiedereröffnung. 1984/85 baute man den Zuschauerraum nach neuesten Erkenntnissen um, 1997 wurde der Bühnenraum überholt. Maximal 1202 Plätze

Schauspielhaus, Prinzenstr. 9. Im Herbst 1992 wurde das Schauspielhaus, ein Werk des Schweizer Architekten Claude Paillard, feierlich eröffnet. Klassisches und modernes Sprechtheater. 630 Plätze – Das Spektrum der Regisseure reicht von Nuran Calis und Christoph Frick über Sebastian Nübling, Nicolas Stemann und Christina Paulhofer bis hin zu Sebastian Baumgarten, René Pollesch und Barbara Bürk, last but not least sind Lars Ole Walburg und Meret Matter zu nennen. Maximal 630 Plätze bei großen Premieren und Uraufführungen

Cumberlandsche Galerie, Prinzenstr. 9 und Theaterstr. 3 (Nebeneingang). Die Cumberlandsche Galerie hinter dem Schauspielhaus, 1885 errichtet, war ein Ergänzungsbau des Museums für Kunst und Wissenschaft, heute Künstlerhaus. Seit 1993, unterbrochen von einer längeren Renovierungszeit, wird das Jugendstil-Treppenhaus des Altbaus bespielt. Das allererste Stück – »Eisprinzessin« von F.K. Waechter – wird bis heute aufgeführt, und das in der Urbesetzung. Auch »Felix Krull« von Thomas Mann stellte sich als erfolgreiche Inszenierung heraus. Bei manchen Aufführungen nehmen die Besucher auf den Treppenstufen Platz, Sitzkissen werden gereicht. Maximal 99 Plätze

Ballhof, Ballhofstr. 5. Der Ballhof, eines der schönsten Fachwerkhäuser der Altstadt, wurde 1649–65 für Konzerte und das Federballspiel errichtet. Die erste Opernaufführung in Hannover fand in diesen Räumen 1672 statt. Nach zweijährigem Umbau in seinen historischen Verhältnissen wiederhergestellt, wurde der Ballhof 1975 als Schauspiel- und Kammertheater eröffnet. Spielstätte für Oper, Konzert und Schauspiel; außerdem Lesungen, Liederabende, Kleinkunst. Maximal 260 Plätze

Ballhof 2, Knochenhauerstr. 28. Die ehemalige Probebühne des Ballhofs hat sich zu einem eigenständigen Spielort für zeitgenössisches Theater entwickelt. Maximal 140 Plätze

Weitere Spielstätten

Theater am Aegi, Aegidientorplatz 2, Vorverkauf: Tel. 989-3333. Das Theater am Aegi geht auf das 1953 errichtete Kino-Theater am Aegi zurück, das 1964 ausbrannte. 1967 wiedereröffnet, wird das Theater von einer privaten Gesellschaft betrieben. Das Theater (1168 Plätze) ist für sein breites Gastspielprogramm bekannt mit Schauspiel, Ballett, Musical, Konzert und gelegentlich Oper. Am Freitagabend um 23 Uhr »Nachtprogramm« mit Kleinkunst, Kabarett, Show oder Comedy

Hannoversche Kammerspiele, im Alten Magazin, Kestnerstr. 18, Tel. 816981. Eine der besucherstärksten freien Bühnen Niedersachsens mit anspruchsvollem Programm

Klecks Theater, im Alten Magazin, Kestnerstr. 18, Tel. 816981. Figurentheater für Kinder, die Veranstaltungen finden nachmittags statt

Theather für Niedersachsen, Bultstr. 9, Tel. 28282828. Haus mit 483 Plätzen und hervorragender Akustik. Das Programm: Musical & Theater. www.tfn-online.de

Neues Theater, Georgstr. 54, Tel. 363001. Boulevard-Theater (152 Plätze)

Theater an der Glocksee, Glocksee-str. 35, Tel. 131518

Studiotheater der Hochschule für Musik und Theater im Kurt Schwitters Forum, Expoplaza 12, Tel. 3100416, www.studiotheater-hannover.de

Internationale Festwochen Herrenhausen:

Veranstaltungsreihe in den Herrenhäuser Gärten

- von Mai bis September: Internationaler Feuerwerkswettbewerb im Großen Garten mit Musik von Klassik bis Pop
- Juni bis September »Herrenhausen Barock«: Konzerte und Aufführungen international bekannter Künstler im Festsaal der Galerie
- Juni bis September »Musiksommer Herrenhausen«: Konzerte, Musicals und Inszenierungen im Gartentheater
- Juli: »Das Kleine Fest im Großen Garten« auf 30 Kleinbühnen im barocken Garten

Andere Aufführungsorte

HCC – Hannover Congress Centrum Theodor-Heuss-Platz 1–3, 30175 Hannover. Tel. 8113-0, www.hcc.de Das Hannover Congress-Centrum ist der zentrale Ort der Landeshauptstadt für Großveranstaltungen wie

➢ Das Congress Centrum mit der Stadthalle

Konzerte, Shows, Gala-Abende, Konferenzen, Tagungen usw. Unter dem stadtüblichen (und etwas vereinfachenden) Begriff **»Stadthalle«** verbirgt sich eine Vielzahl von verschieden großen Sälen, die für alle Arten von Veranstaltungen geeignet und kombinierbar sind. Prachtstück des HCC ist der Kuppelsaal, einer der schönsten Festsäle Europas. Dort finden – vor maximal 3600 Besuchern – traditionell kulturelle und gesellschaftliche Ereignisse wie Bälle, Konzerte und Fernseh-Shows statt. Aufgrund seiner hervorragenden Akustik bietet sich der im Jugendstil eingerichtete Beethovensaal (767 Plätze) besonders für Konzerte und Vortragsveranstaltungen an. Als sehr flexibel hat sich die 1998/99 modernisierte, unter Denkmalschutz stehende Niedersachsenhalle (1600 Plätze) aufgrund ihrer High-Tech-Ausstattung erwiesen. Aber auch in der 4000 Plätze großen Eilenriedehalle und der Glashalle mit 1000 Plätzen sind Sport, Ausstellungen und Empfänge gut aufgehoben. Für kleinere Events mit 145 bis 220 Gästen bieten sich der Rote Saal, der Bonatz Saal, der Blaue Saal, der Runde Saal und der Neue Saal an. Für Open-Air-Events hat sich der unmittelbar benachbarte Stadtpark mit 35.000 Quadratmetern Fläche sehr bewährt

AWD-Hall, Ferdinand-Wilhelm-Fricke-Weg 8, Ticketservice: Laporte Kartenshop GmbH (Mo.–Fr. 9–18 Uhr, Sa. 10– 14 Uhr) Tel.: 444066. Konzerte, Musicals und Tanzshows sowie Sportveranstaltungen

Capitol, Schwarzer Bär 2, Ticketservice: Laporte Kartenshop GmbH (Mo.–Fr. 9–18 Uhr, Sa. 10–14 Uhr) Tel.: 444066, die Abendkasse öffnet zur jeweils angegebenen Einlasszeit

EXPO-Plazabühne, Messe-Open-Air-Bühne an der Expo Plaza

Gilde Parkbühne, Ferdinand-Wilhelm-Fricke-Weg 8, überdachte Bühne mit Zuschauertribüne (ca. 700 Sitzplätze), neben der AWD Arena; während der Open Air Saison von Mai bis September Konzerte und das Open Air Kino »Seh-Fest«

Musikzentrum, Emil-Meyer-Straße 26-28, Tel. 2609300, Veranstaltungen, Seminare, Workshops, Theateraufführungen und Studioaufnahmen sowie Übungsräume

TUI-Arena, Expo-Plaza 7, Tel. 870010, Großveranstaltungen aus den Bereichen Sport, Musik und Business

Konzerte

Herrenhausen: siehe »Festwochen«

Nordufer-Pavillon am Maschsee: Platzkonzert Mai–Sept. jeden So 11–12 Uhr

Opernhaus: Konzerte des Niedersächsischen Staatsorchesters

Funkhaus Hannover am Maschsee (NDR), Rudolf-von-Bennigsen-Ufer 22, Tel. 988-0: Großer und Kleiner Sendesaal. Hier spielt das Rundfunkorchester des Norddeutschen Rundfunks

Kanapee, Edenstr. 1 (List), Tel. 3481717, Öffnungszeiten: Di u. Do ab 18 Uhr (konzertfrei), an anderen Tagen Veranstaltungen. Weinstübchen mit Musikprogramm (Chansons). Bei Konzerten wird nicht geraucht. Im Sommer mit Gartenlokal hinter dem Haus

Staatliche Hochschule für Musik und Theater: Es spielt das hauseigene Orchester

Variété, Kleinkunst und Kabarett

- Februar bis April: Calenberger Kabarett-Wochen
- September: Kabarett-Festival Hannover

Desimos Spezial Club im Apollo-Kino, »Klassische Stand-Up Comedy mit wechselnden Künstlern«, Limmerstraße 50, Tel. 452438

GOP – Variété-Theater, Georgstr. 36, Tel. 301867-0, Öffnungszeiten: Mo geschl. Klassisches Variété mit monatlich wechselndem Programm internationaler Künstler

Marlene, Prinzenstr. 10, Tel. 3681687, Öffnungszeiten: bei Veranstaltungen ab 19 Uhr. Kneipe mit Variété-Programm

Rampenlicht Varieté im Kulturzelt, »Klassisches Variete im Manegenrund«, Haus der Jugend Hannover, Maschstraße 22-24, Tel. 666049

tak – theater am küchengarten, Stephanusstr. 29, Tel. 445562. Polit-Kabarett, Satire, Musik und gehobener Nonsens (132 Plätze)

Uhu-Theater, »Kleinkunst und Travestie«, Freiligrathstraße 2, Tel. 889583

Werkstadt-Galerie Calenberg, »Kleinkunst und Theater«, Kommandanturstr. 7, Tel. 59090565

Verkehr

In Hannover gelten Umweltzonen für KFZ. Zurzeit wird mindestens die gelbe Plakette benötigt, ab 1.1.2010 dürfen nur noch Fahrzeuge mit einer grünen Plakette in der Umweltzone (Innenstadtbereich) fahren. Info unter www.hannover.de

GVH – Großraum-Verkehr Hannover, Am Hohen Ufer 6, 30159 Hannover, Tel. 1668-3000. Verkehrsverbund für die Region Hannover aus Üstra Hannoversche Verkehrsbetriebe AG, RegioBus Hannover GmbH und DB RegioAG. www.gvh.de

HannoverCard Die HannoverCard berechtigt zur freien Fahrt im

➢ »Busstops« als Kunst: Der italienische Architekt Alessandro Mendini gestaltete die Haltestelle Am Steintor. Im Hintergrund das Anzeigerhochhaus von Fritz Höger

Tarifgebiet des GVH (Großraum-Verkehr Hannover) mit allen Bussen und Bahnen, auch mit Zügen der Deutschen Bahn AG und der metronom (jeweils 2. Klasse). Für kulturelle Veranstaltungen gilt freier Eintritt oder ermäßigter Eintrittspreis

Üstra – Hannoversche Verkehrsbetriebe AG, Am Hohen Ufer 6, 30025 Hannover, Tel. 1668-0
Üstra Service Center City, Karmarschstr. 30/32, Tel. 1668-2238
www.uestra.de

Maschseeflotte: Tel. 1668-2279

RegioBus Hannover, Georgstr. 54, 30159 Hannover, Tel. 36888-0
www.regiobus.de

Deutsche Bahn AG, Reiseauskunft: Tel. 0800/1507090 (kostenfrei); Tel. 11861, www.bahn.de

Deutsche Lufthansa: Tel. 01803/803803

Hannover-Airport (Langenhagen), Tel. 977-0
Flughafen-Information und Flugauskunft: Tel. 977-1223; Anfahrt: Die S-Bahnlinie 5 ab Hauptbahnhof verkehrt von 5–24 Uhr alle 30 Minuten, die Fahrtzeit beträgt 17 Minuten
www.flughafen.hannover.de

Taxi-Ruf: Tel. 2143, 3811 und 8484

Register

H

I

J

K

L

M

N

O

P

R

S

T

U

V

W

Z

Die Deutsche Bibliothek verzeichnet diese Publikation in der Deutschen Nationalbibliografie; detaillierte bibliografische Daten sind im Internet unter http://dnb.ddb.de abrufbar.

6., aktualisierte Auflage 2009

Umschlagabbildung: »Nana«

Karten: Kartendienst Andreas Toscano del Banner, München

Die Texte von Kurt Schwitters drucken wir mit freundlicher Genehmigung des DuMont Verlages, Köln, ab.

Bildnachweis:
Archiv Herbert Schwarzwälder: 10/11, 19, 21, 23, 29, 35, 37, 42, 45, 47, 48, 55, 56, 61
Claudius, A.: 151
Erlebnis-Zoo Hannover: 128/129, 130, 131, 132, 132/133
EXPO Grund GmbH: 149
Hannover Tourismus GmbH: 3, 30, 54, 65, 66/67, 92, 93, 97, 99, 112/113
Meichsner, Andreas: 146/147
Meyer, Manuela: 150, 152
Pelikan AG Hannover Firmenarchiv: 102, 103
Sea Life Hannover: 122, 123
Verlagsarchiv: 13, 15, 16, 18, 20, 22, 26, 43/44, 49, 51, 78, 106, 114, 135
Alle übrigen Fotos: Henning Sietz

Hohenlohestr. 21 – 28209 Bremen
Tel. 0421-34843-0 – Fax 0421-348094
info@edition-temmen.de
www.edition-temmen.de

Herstellung: Edition Temmen
ISBN 978-3-86108-440-2